Cent Familles

Tome II

JEAN LUC LAHAYE
Cent Familles
TOME II

Éditions 13
9 *bis*, **rue de Montenotte**
75017 PARIS
Tél. : (1) 46.22.44.54

© Copyright Éditions Michel LAFON
9 bis, rue Montenotte, 75017 Paris – 1.46.22.44.54
Mai 1988
Tous droits réservés, y compris l'U.R.S.S.

La loi du 11 mars 1957 n'autorisant, aux termes des alinéas 2 et 3 de l'article 41, d'une part, que les « copies ou reproductions strictement réservés à l'usage privé du copiste et non destinées à une utilisation collective » et, d'autre part, que les analyses et les courtes citations dans un but d'exemple et d'illustration.
« Toute représentation ou reproduction intégrale ou partielle, faite sans le consentement de l'auteur ou de l'éditeur, ou de leurs ayants droit ou ayants cause est illicite » (alinéa premier de l'article 40). Cette représentation ou reproduction par quelque procédé que ce soit constituerait donc une contrefaçon sanctionnée par les articles 425 et suivants du Code pénal.

ISBN 2-86804-532-4

*La route est longue
Certains ont disparu
D'autres sont venus
Mon histoire est un peu la leur
Ce livre je leur dédie.*

PREFACE

Qui es-tu toi, qui d'un simple regard transforme l'animosité et la morosité en sympathie réelle? Qui es-tu pour avoir tous les droits?

Dieu a-t-il posé sa main sur ta tête pour te protéger de tous les démons? Ou bien es-tu démon toi-même? Les quelques mots de ton langage sont déjà un message. Tu sais parler aux enfants comme un grand frère et pour les «GRANDS» tu n'es qu'un môme. Mais quel est ton secret?

Tu vis ta vie comme une histoire extraordinaire où chaque jour est une aventure. D'une main tu tiens la palette de couleurs et de l'autre tu maquilles le temps et les gens. Je te connais! je te reconnais comme un être sensible; en dehors des réalités qui ne te concernent pas; avare de confidences; heureux de la réussite des gens; triste de la mort; rayonnant comme le soleil; et très souvent comique jusqu'à l'humour. Tu sais jouer la comédie et aux travers des tes histoires, il transpire une certaine vérité, la tienne.

Tu ne sais pas attendre, il te faut tout et tout de suite. Et quand le normal t'empêche d'accéder à ton envie tu fais appel aux Forces Mobiles du Saint-Esprit. Tu sais prier et te faire prier.

Et quand notre terre ne t'intéresse plus, tu fais tes bagages pour te retrouver dans un nuage de Magellan à 170 000 années lumière, en banlieue de notre galaxie.

C'est vrai que tu viens d'un autre monde. Tes doigts sont trop longs et trop fins. Tes cheveux trop noirs. Tes yeux d'acier changent au gré de ton humeur fragile. Orgueilleux comme un chevalier de la Table ronde, toujours prêt à sortir l'épée de son fourreau pour venger son honneur.

Tu n'appartiens à personne mais tout le monde t'appartient. Tu possèdes la force du pouvoir. Nous ne sommes que les ancêtres du futur et tu vis déjà dans la quatrième dimension. Tes pas résonnent sur le pavé, alors que tu te déplaces à dix centimètres du sol. Tu sais faire peur ou apaiser. Tu sais faire rire ou pleurer. Tu sais détester ou aimer.

Quant tu deviens chanteur, la scène pour toi devient un ring. Ton tour de chant un combat. Une seule issue, la victoire, au pire un match nul! Il n'est pas convenable que tu puisses perdre. Tu as été choisi pour gagner et ton public ne te pardonnerait pas que son idole touche à la poussière. Tu en es conscient.

Et quand s'allument les projecteurs, que la musique envahit la salle, tout ton être se transforme, c'est le miracle de la métarmorphose. Ta voix fais frissonner l'assistance. C'est comme une messe qui serait dite en l'honneur du printemps.

Et là, dix mille, vingt mille, cent mille cœurs qui cognent au rythme de ta musique. Le ciel se mélange avec les étoiles et tu t'envoles...

Tu es CHANTEUR, libre sans maître et sans collier.

L'amitié est un échange perpétuel. Tu portes en toi toute l'affection d'une famille. Écorché de souvenirs, nostalgique d'un paysage blessé, tu aimes!

Mais c'est surtout dans les moments les plus vrais, ceux où nous nous promenons à travers la campagne, quand l'automne fait pâlir les feuilles des châtaigners, que notre vie se confond avec la tienne. Quand, devant la cheminée où les flammes jouent un opéra magique, réchauffés par un thé brûlant, nous nous laissons aller au bonheur.

Espoir, raison, déraison, aventure, don de soi, vérité, complémentarité, respect, disponibilité, union, c'est tout ça, plus l'amour pour les enfants qui nous a aidés et un peu plus rapprochés pour construire notre Ambassade pour les mômes déshérités. « LA FONDATION ». C'est elle qui a scellé à jamais notre amitié.

Je suis fier d'être ton ami.

Patrick Rouxel

FEMME QUE J'AIME

31 décembre 1981, 7 heures du matin au studio Ferber. La tête couchée sur la console du son, ivre de fatigue, je ne sais plus. J'ai du boire 24 cafés pour tenir le coup. Gérard se fait envoyer une dernière fois la bande et me dit, en me posant doucement la main sur la tête pour bien me faire passer le message :

— Ça y est, on l'a!

Il nous aura fallu quatre jours d'angoisse, de peine, de lutte et de bonheur pour enregistrer ce nouveau 45 tours et peut-être le dernier.

Je sais, j'en ai l'intuition, que ma carrière va se jouer sur ces trois petites minutes de bande enregistrée. Trois petites minutes dans la vie d'un garçon qui vient de fêter son 23e anniversaire...

Une plage d'un disque où les notes de musique, accouplées avec des mots, vont me projeter dans un monde dont j'ai rêvé toute ma vie.

Une chanson qui va bouleverser mon existence. D'un môme de nulle part, elle va en faire un homme comblé!

Bien sûr, rien n'est facile et nous sommes loin du

conte de fées où le prince charmant, d'un coup de baguette magique, se retrouve auprès de la belle au bois dormant. Dans le métier du show-biz, qu'on appelle souvent la « Jungle » à tort ou à raison, il faut se battre jour après jour! Il faut s'imposer! Il faut être vigilant et ne jamais croire qu'on est arrivé! peut-être, en raison de mon enfance, j'ai su garder la tête froide et me remettre en cause chaque matin. J'ai su m'entourer d'une équipe et la garder, malgré les hauts et les bas.

A tous ceux et à toutes celles qui veulent entrer dans cet univers magique de la chanson, j'ouvre les pages de mon carnet intime.

Aux autres, à ce public qui m'aime. Ce public à qui je dois tout, j'ouvre mon cœur!

Je ne savais pas que cette carrière passerait par l'extraordinaire aventure de la FONDATION. Je vais tout révéler. Je veux que tous les gens sachent.

Pour toutes les raisons que vous allez découvrir, je suis un artiste à part. Accrochez-vous, je vous emmène très loin sur mon étoile et ma récompense est là dans ces pages, car je n'oublierai rien!

Il pleut. La nuit est froide et j'ai remonté le col de mon blouson de cuir noir. Ma moto file en direction de l'avenue Kléber. J'ai laissé derrière moi, dans ce studio, une partie de mon passé! J'ai hâte de retrouver Aurélie avec qui je partage ma vie et ce petit duplex au 5e étage, pour lui faire écouter la cassette que j'ai glissée religieusement dans ma poche.

Comme d'habitude, l'excitation à fait place à l'angoisse. J'ai accouché d'une nouvelle chanson et à force de l'avoir entendue mille fois au cours de l'enregistrement, je ne sais plus.

Quand Mikaëlle et Lana m'ont présenté le titre, il y a quelques semaines de cela, c'était un slow, j'en ai fait un tempo disco plus lourd.

Je ne sens même plus le froid qui me pique le visage. J'ai des images qui flânent, sensuelles comme des draps où l'on a dormi. A l'heure qu'il est je me sens lâché. Je gare ma moto sous le porche de l'immeuble et je grimpe l'escalier quatre à quatre. Je n'ai pas le temps d'attendre l'ascenseur. Il est huit heures du matin. Aurélie et son amie Lolo sont allongées sur le lit, tout habillées sous les couvertures. La télé qui est restée branchée fait de la neige. Elles m'ont attendu toute la nuit pour enfin sombrer dans un profond sommeil. Je ramasse le walkman qui traîne sur la table, branche deux casques, introduis la cassette de « Femme que j'aime » et j'attends. Je m'approche d'Aurélie et lui pose doucement un baiser sur les lèvres. Elle ouvre les yeux, me reconnaît et sourit.

– Tiens, écoute et dis-moi!

Lolo s'est réveillée également, elle comprend et place aussi un caque sur ses oreilles.

En 1981 je suis venu habiter chez Aurélie. Elle possédait un petit appartement, deux grandes chambres réunies par un escalier.

Elle m'avait accueilli dans ce petit nid d'amour et nous vivions ensemble de rêves, faits de présent et d'avenir. La concierge était sympa, elle me laissait ranger ma moto dans l'entrée. Quant au patron du bar qui fait l'angle avec la rue Boissière, il était ravi. Surtout au fur et à mesure que ma notoriété augmentait.

Soudain, à voir le sourire et le visage rayonnant des deux nanas, j'ai compris que « Femme que j'aime » allait peut-être devenir un tube!

Six années ont passées, mais je ressens encore le bonheur intense de ce matin-là.

Ma vie allait ressembler à autre chose. Enveloppé de volupté je rêvais déjà, à travers le gramophone, de devenir « un » au « CASH-BOX »

Je décidai d'appeler Tonton Louis. *

– Allô, c'est Jean-Luc. Écoute!

Je posai le téléphone près de mon énorme radio-cassette et lui envoyai la musique. Peut-être à cause du son qui passait très mal à travers l'écouteur, j'entendais Tonton :

– Pfeu! Ben oui mais! Pfeu! Tu m'entends Jean-Luc mon petit, tu m'entends.

Je ne voulais pas entendre et je laissais volontairement défiler la chanson pendant quatre minutes. Et quand je repris le téléphone il me dit :

– Pourquoi tu ne ressors pas « Allez viens? »

« Allez viens » était une de mes premières chansons et elle n'avait pas du tout marché! Ça c'était Tonton; il ne comprenait pas, il avait toujours un train de retard. Il ne voulait entendre que des chansons d'amour, lentes et langoureuses. Bientôt je fus dans le coton et décidai de me reposer un peu. Je me votai un compartiment de première classe, je l'avais bien mérité.

Mon sommeil fut traversé de rêves et de cauchemars. Coup de projecteur sur Michel Polnareff : lumière diffuse sur un petit garçon mangé par la tristesse.

Je me réveillai trempé de sueur.

---

* *Tonton Louis est mon père spirituel (voir « Cent Familles » n° 1).*

LE PLEIN D'NRJ

Invité par Gérard Pédron, nous allons fêter dans son restaurant « Les Jardins du Louvre » place du Palais Royal, notre nouveau disque et la nouvelle année.

La salle est bondée. C'est dans cet endroit gigantesque où sont données les plus belles soirées de la capitale que je vais voir mon « premier public ».

Quelques couples se déhanchent sur la piste. C'est le moment choisi par Jean-Yves Macé, le responsable, pour envoyer « Femme que j'aime! »

Rapidement, c'est une foule énorme qui rejoint les premiers danseurs. Au deuxième refrain les gens reprennent en chœur. Je prends la main d'Aurélie et la serre très fort. Il est minuit.

Le lendemain, 2 janvier, je me retrouve dans le studio Master One, dans le Marais; entouré de Lana, Mikaëlle et Paul Sébastien, pour effectuer la gravure du disque.

C'est une opération extrêmement délicate et importante à laquelle j'ai toujours assisté jusqu'à maintenant. André Périllat se trouve à la console.

La gravure consiste, à partir de la bande master, de

creuser un sillon sur une galette de cire. Sans faire un cours d'électronique, je peux vous dire que la galette va servir à fabriquer le moule. Que ledit moule va permettre de presser des milliers de disques. Pendant cette opération, il est encore possible de modifier quelque peu les graves, les aigus ou les médiums.

Le soir, nous décidons avec Gérard de nous rendre à « La Scala », une discothèque rue de Rivoli. Il est environ minuit. Je demande à rencontrer le disc jockey. J'ai apporté un disque souple, une *épreuve*.

– Bonjour; voici mon dernier titre, ce serait sympa de le passer pour que je vérifie le son avant de l'envoyer à l'usine.

Le type n'est pas aimable, il continue à ranger ses disques anglo-saxons :

– Non, j'ai pas l' temps!.

J'insiste (c'est dans mon caractère). Alors le type consent bon gré mal gré et pose le disque sur l'une des platines et écoute les premières mesures d'une oreille distraite.

– Mais c'est du français! me crache-t-il à la figure.

– Oui, c'est du français et vous êtes quoi vous? Avec la gueule que vous avez vous seriez pas un peu français? Vous avez honte?

Le ton monte, on en vient presque aux mains quand le patron rapplique. Il est plutôt gêné. Il faut dire que sa boîte se trouve à cent mètres du resto de Gérard et que ce dernier lui fait une pub du tonnerre. Le patron ne veut pas d'histoires. Il ordonne au sous-fifre de passer mon disque. Et là... miracle, la piste se remplit. Pour savourer mon plaisir je monte au balcon qui entoure et surplombe la salle. Je tombe sur un type qui me demande :

– C'est vous Jean-Luc Lahaye? Je me suis renseigné auprès du disquaire...

– Oui, c'est moi !
– C'est de vous cette chanson ?
– ...
– Voilà ma carte, je m'appelle Philippe Buradino. Je travaille sur une radio libre, une FM qui s'appelle NRJ. Envoyez-moi le disque, ça m'intéresse !

J'ai empoché sa carte, je suis encore sous l'effet de la réaction des gens sur la piste. Je vais rejoindre Gérard et j'oublie NRJ.

Les jours ont passé. A la maison de disques il y a peu d'enthousiasme, une ambiance « tiède ». A Nicole Savourat (directrice de production chez Phonogram), Gérard communique les premières réactions des radios périphériques. Monique Lemarcy* a dit « c'est passable », ce qui signifiait que la chanson pouvait être programmée sur l'antenne. Phonogram avait donc décidé de sortir le disque...

Après quelques jours, j'entendais souvent Gérard parler d'NRJ, de l'importance qu'allait représenter prochainement les radios libres sur le marché, de la concurrence qu'elles allaient faire aux stations périphériques.

« NRJ... », il me revient l'anecdote de la SCALA. Je récupérai tant bien que mal la carte que m'avait remis Philippe Buradino. Après un coup de fil rapide, l'animateur se trouvait parmi nous, au bar du Jardin du Louvre. Il nous raconta son aventure. NRJ était né en juin 1981 grâce à Jean-Claude Bodecrou, un investisseur qui avait fait ses preuves avec « Élysée 12/12 », service de réservation de restaurant, et Jean-Pierre Damico, l'instigateur de la station. Ils s'étaient installés dans un tout petit local du côté de Ménilmontant. Je connaissais Jean-Pierre Damico de l'époque où il chantait sous le nom de Santiana. C'est

* *Directrice des programmes d'RTL.*

lui qui me téléphona pour m'avertir que mon disque passerait à minuit très exactement le soir même, dans l'émission : « Disque à la demande »!

A cette époque, NRJ comptait environ 100 000 auditeurs. J'ai pris mon gros poste et j'ai appelé tous mes copains. A minuit, Jean-Pierre, qui animait l'émission dit :

— Maintenant, exceptionnellement, nous allons passer la chanson d'un jeune artiste. Il n'est pas encore connu. Il s'appelle Jean-Luc Lahaye. Avec toute l'équipe de la station, nous pensons que ce disque deviendra le tube de l'été!

Et quand j'ai entendu pour la première fois ma chanson sur les ondes, cela m'a fait un effet dingue! J'avais envie de descendre dans la rue, monter dans les voitures pour savoir si tout le monde l'écoutait. A partir de cet instant, ma vie a changé. Des centaines d'auditrices et d'auditeurs ont appelé pour me plébisciter. La chanson est repassée vers minuit vingt et le lendemain dix fois dans la journée, autant les jours suivants. Damico avait poussé le jeu jusqu'à prendre la musique de « Femme que j'aime » pour en faire le jingle de la station.

NRJ
Simplement j' te dis
Que j' t'aime,
J' t'aime.
Jusqu'à la folie.

GALAS-GALÈRES

Malgré ce matraquage, la vente du disque ne décollait pas. A cette époque, je fis connaissance avec les « petits organisateurs » de « galas galères ! » En général ils vous font chanter à la Foire aux Cochons, à la foire à l'huître, la fête du jambon pré-salé ; ou dans la discothèque minable pour deux passages ; l'un à une heure du matin, l'autre à 3 heures. C'est la course au cacheton, mais quand on n'a pas de fric... Je pense avec tendresse à cette étape de ma vie. Certains soirs à table, il y avait un steak pour deux. Alors Aurélie ne mettait qu'une assiette en me disant :

— J' sais pas c' que j'ai, mais ce soir je n'ai vraiment pas faim !

En vérité, elle avait faim comme moi, mais elle faisait d'abord manger son homme pour qu'il ait des forces. Plus tard j'ai compris et j'ai eu honte de mon égoïsme !

Un petit requin-organisateur au fauteuil de skaï nous avait réunis au bar des « Jardins du Louvre ». Il y avait là toute la nouvelle génération des années 80 qui avait décidé de faire un pied de nez aux anciens. Tous écoutés et adulés par les auditeurs d'NRJ.

Le but de l'opération montée par cette organisation (dont j'ai d'ailleurs oublié le nom) était de nous faire chanter gratuitement pour des radios FM de province. Il nous était difficile de refuser, les maisons de disques voyant dans ces manifestations le moyen de promouvoir leurs artistes.

Précisons tout de même que les radios FM, après avoir passé le cap des premiers balbutiements, avaient créé un léger malaise. Ce sont elles maintenant qui donneraient le ton. On y croyait tous, car on y voyait la possibilité de donner une plus grande chance à la chanson française. Erreur grossière. A part quelques rares stations, l'anglo-saxon couvrait toujours la quasi-totalité de la bande « privilégiée ». Merci !

Mon premier cachet d'artiste remonte au cinq janvier 1982. L'organisatrice m'avait contacté par téléphone. Elle me proposait deux soirs à Calais en première partie de Nicoletta. Pour conclure, elle me donnait rendez-vous dans une pizzeria fermée de la place Pigalle. J'étais d'ailleurs trés étonnè de l'endroit.

– Jean-Luc, vous devrez chanter au Théâtre de Calais, en contrepartie je vous verserai un cachet de deux mille francs.

J'étais enchanté, cette somme représentait pour moi beaucoup d'argent. Je signai le contrat, confiant.

Nous décidâmes de partir la veille avec Aurélie et Gérard Giraudoux qui me servait de chauffeur-secrétaire-garde du corps. En vérité, c'était un pote de la salle de boxe qui croyait dur comme fer à sa reconversion. Après avoir jeté nos affaires dans un petit hôtel de banlieue, je me rendis à la répétition. Nicoletta était déjà là avec ses musiciens. Je donnai ma bande en régie et je fis mes essais de voix. Je quittai la scène pour retrouver Aurélie. Elle m'informa qu'une rumeur se propageait : ce soir il n'y aurait personne. Pour moi ce n'était pas trop grave, le coup n'était pas joué sur mon nom, il n'y avait ni affiche, ni publicité.

Le soir je m'habillai de mon jean le plus propre, de mon perfecto le plus brillant, d'une paire de tennis.
Je montai sur scène pour chanter.
Aurélie dirigeait la poursuite. Les dix-sept personnes dans la salle qui représentaient le public m'applaudirent chaleureusement. Nicoletta, elle refusa de chanter tant qu'elle n'était pas payée. La productrice était introuvable. L'affaire tournait au scandale. Alors la chanteuse s'adressa au public :
– Mesdames et messieurs, je vais chanter pour vous ce soir, gratuitement.
Elle a donné un tour de chant réduit, mais elle a chanté.
Peu après, l'organisatrice invisible fit savoir que tout le monde serait payé.

Pour le deuxième spectacle, il fallait absolument faire quelque chose. Avec Gérard Giraudoux nous avons couru les magasins de musique et nous avons réussi à nous procurer une sono mobile que nous avons installée sur sa voiture. Et toute la journée nous avons sillonné la ville de Calais en annonçant le concert de Nicoletta pour le soir même au théâtre. La promotion a été efficace puisque le soir il y avait dans la salle quatre personnes supplémentaires. Mais cette fois-ci Nicoletta refusait catégoriquement de chanter. Un délégué de la mairie se présenta pour arranger l'affaire. Pour moi c'était tant pis. Je faisais une croix sur mon cachet, mais pour Nicoletta c'était beaucoup plus grave. Elle était venue avec ses huit musiciens.

Aujourd'hui quand on se croise, elle se rappelle toujours cet épisode cuisant.

– Tu sais Jean-Luc, que la productrice ne m'a toujours pas réglé mon cachet de Calais!

On en rigole encore. Ce déboire a été le seul de ma carrière. Mon entourage et mon équipe sont extrêmement vigilants.

Le lendemain, dimanche 6 janvier je chantai à nouveau, mais à Paris cette fois. François Brebant que nous avions rencontré chez Gérard Pédron, nous avait demandé d'organiser un spectacle au pavillon Gabriel, pour la fête annuelle de la société Kawasaki France. L'aventure s'annonçait plus sérieuse.

Nous avions monté un plateau d'artistes, dont Hugues Aufray était la star. L'originalité était que tout le monde était payé en motos. C'est ainsi que j'ai reçu ma première moto neuve, une Kawa 1300.

Le public était plus fourni que la veille. On comptait environ huit cents personnes. Pour moi ça a marché très fort, alors que ma chanson n'était toujours pas programmée sur les ondes.

Quand on veut réussir dans la chanson ou ailleurs, il faut beaucoup de courage. Il faut savoir faire quelque fois abstraction de son orgueil mais jamais de sa dignité.

Gérard Giraudoux avait pour cousin un journaliste qui travaillait pour un magasin spécialisé dans la viticulture. En ce début d'année, la direction avait décidé d'organiser un spectacle à Paris dans les salons du Georges V. La Jet Society était conviée à la fête. Gérard, qui en était l'organisateur, avait choisi comme thème « Bonnie and Clyde » !

J'étais arrivé au milieu des mille cinq cents spectateurs, allongé dans un cercueil porté par quatre mafiosis. Dans un tourbillon de pétards et de feux d'artifice, je sortais de ma boîte déguisé en gangster portant borsalino, chaussures à bouts blancs et costume rayé, le tout sur l'intro de « Femme que j'aime » (encore tout à fait inconnu du public). Les gens ont applaudi l'originalité de la présentation et la soirée s'est terminée par une bagarre aux spaghettis, dont le personnel des lieux se souvient encore. Et là, pour ne pas changer les habitudes, nous avions été payés en bouteilles de vin...

C'est une période où je me suis beaucoup amusé avec mes amis. Tous les soirs nous avions une raison de faire la fête. Nous nous retrouvions dans un petit bouchon des Halles et tous étaient persuadés d'avoir un grand artiste parmi eux. Ils m'encourageaient. Je les en remercie, car il fallait y croire.

Enfin, la chanson commence à marcher et je fais des galas à droite et à gauche je me souviens d'un soir où j'ai chanté en discomobile, dans la Creuse, près de Guéret.

Quand je suis monté sur scène un violent orage a éclaté. La tente avait été montée sur un terrain encaissé entre deux vallées. J'ai chanté « Femme que j'aime ». Alors là je me suis rendu compte qu'une chanson ne suffisait pas. Je la faisais une fois, deux fois, trois fois; mais ça lassait. J'ai sorti de chez Phonogram les bandes de mes premiers disques; des chansons inconnues, bien entendu... Mais les gens ne voulaient que « Femme que j'aime ».

Donc, l'orage a éclaté au début du tour de chant. Sous la pluie, le public s'agitait de plus en plus. Les gens montaient sur les chaises pour éviter de faire trempette dans quatre-vingts centimètres d'eau.

Je n'ai pas attendu les applaudissements, j'ai préféré plonger pour retrouver mon hôtel à la nage.

Denis, qui avait tenu à m'accompagner avec sa belle américaine, avait tout perdu. Sa magnifique auto avait été engloutie par un torrent de pluie. Il ne nous restait plus qu'à rentrer à Paris par le train.

Si vous connaissez Mulhouse, vous savez que c'est loin, très loin de Paris. Quand vous faites la route à moto, c'est encore plus loin que loin, surtout au mois de mars. J'y étais pourtant parti avec ma nouvelle 1300 et j'avais téléphoné à Richard Dieux de venir me rejoindre avec la 1000 Goldwin que je lui avais donnée. Quel régal, cette nouvelle moto, sur laquelle j'avais installé une sirène de police « interdite »... Me faufiler à toute allure entre les autos... Aux hurlements de ma sirène, tout le monde se rangeait sur le côté. Quand ma supercherie était découverte chacun y allait de son klaxon, mais moi j'étais déjà loin.

– Richard, ça se trouve dans l'Est, c'est un petit bled, quel nom déjà? Attends, ça va me revenir. Bon, de toute façon, tu prends la route et tu me rappelles dans deux heures. C'est le temps qu'il te faut pour arriver!

Richard, discipliné et propre sur lui, enquille l'autoroute en direction de l'Est. Cinq heures plus tard j'entends la voix glacée de mon pote :

– Allô, Jean-Luc! J'comprends pas! Tu m'as dit deux heures et j'en suis à quatre cents kilomètres au compteur de la moto. Qu'est-ce que je fais? C'est où exactement?

– Écoute, t'es presque arrivé! T'es toujours sur l'autoroute? Tu roules, tu roules!
– Oui, Jean-Luc, je roule, je roule mais jusqu'où?
Je n'osais pas lui dire jusqu'à Mulhouse :
– Jusqu'à un petit bled, attends j'ai perdu le nom mais ça va me revenir!
Passe une heure et demie, il me rappelle :
– Jean-Luc, j' comprends pas, j' viens d' faire encore deux cents bornes. Je roule et je ne suis toujours pas arrivé!

Je lui avais vendu un petit week-end sympa aux portes de Paris et mon copain s'était envoyé sept heures d'autoroute. Il est arrivé, gelé comme un homard de supermarché, le regard plein de haine. Mais j'étais tellement content qu'il soit là.
C'est ça, l'amitié.

JACK POT OU LE TUBE DE L'ÉTÉ

Mai 1982 – Nous sommes à 40 000 disques vendus, avec une cadence de 1 500 par jour. On me propose ma première émission de télévision, « Faites diligence » –, enregistrée à l'extérieur de Paris, par Georges Barrier. Le thème : les années 1830. La séquence : une diligence bien sûr, tirée par quatre magnifiques chevaux. Une caméra Louma filme la scène. Je suis habillé en costume d'époque. Pendant la première partie de la chanson, je me trouve à l'intérieur de la voiture. On m'entend, mais on ne me voit pas, l'éclairage est insuffisant.

La seconde partie conviendrait plus à un cascadeur. Je dois sortir de la fenêtre pour me poser sur le toit. Malheureusement, au moment où la moitié de mon corps est passée, la porte s'ouvre sur un cahot et je suis éjecté pour me retrouver sur la chaussée. Ça ne fait rien, on panse mes plaies, on me maquille et je recommence. La caméra est juchée sur un break DS qui roule à côté de la diligence, à environ trente kilomètres heures. Georges Barrier me demande si ça va.

– Ça va!
– Vas-y! hurle-t-il.

Je passe la fenêtre, m'extirpe jusqu'au toit et juste au

moment où je lance mon plus beau sourire à la caméra, je prends une branche d'arbre en pleine figure. Un peu dans le style Zorro et les contrebandiers. Mais là, ce n'est pas moi qui joue Zorro. Je glisse de la diligence pour me retrouver une nouvelle fois sur le bitume. Je me fais terriblement mal. J'ai l'impression d'avoir rencontré un bec de gaz le soir d'une beuverie. J'ai le sang à la bouche, les lèvres gonflées et un mal de crâne de lendemain de fête.

Mais Jean-Luc Lahaye est un vrai professionnel et un héros pour l'équipe de télé! On racommode le costume et le bonhomme et on renvoie l'ensemble en première ligne. Le réalisateur a changé le déroulement de l'opération. Je sortirai de la diligence pour m'asseoir à côté du cocher. La bande play-back est envoyée, je sors, m'agrippe aux montants et je m'asseois comme prévu près du cocher. Manque de chance, je me suis trompé de côté et pendant toute la chanson qui passera en générique de l'émission on ne me verra pas.

Philippe Bouvard m'a accueilli. A l'époque, il présentait une émission qui passait vers midi en direct. La maquilleuse, trouvant mon visage féminin, avait fait de moi une poupée chinoise. Je chantais tellement fort que Bouvard, qui me tournait le dos, rentrait la tête dans les épaules et disparaissait complètement de l'image. Oui il est petit, bon!

Une femme a beaucoup compté dans ma carrière, Françoise Rousselin. On l'appelle Féfé. C'est l'ancienne femme d'Alex Constantinos, le roi du disco des années 75. Elle avait créé sa propre maison d'édition et croyait beaucoup en moi. C'est elle qui a démarché les radios et les télés pour mes trois premiers 45 tours. C'est encore elle qui a fait le tour des maisons de disques, pour m'obtenir finalement un contrat chez Phonogram. La procédure était toujours la même. Elle venait prendre le café et je comprenais à son regard qu'une fois encore je passais à côté. Le jour de la signature chez Phonogram, M. Grande-Mange, directeur, m'a dit :

– Ce n'est pas à cause de votre chanson que je vous signe comme artiste; c'est à cause de votre voix!

Merci Françoise...

La presse des jeunes commence à s'intéresser à moi. En avril 1982, le magazine *Salut* fait paraître l'article suivant :

Jean-Luc Lahaye, une voix, des muscles.

Le jeune interprète fait actuellement beaucoup parler de lui avec sa chanson Femme que j'aime. *Mais Jean-Luc est également un grand sportif qui pratique le karaté depuis douze ans et la boxe française depuis quatre ans dans la salle de son ami Richard Dieux. Nous aurons l'occasion de le voir prochainement dans de nombreuses émissions de télévision. Alors à vos postes!*

Aurélie et moi habitons toujours avenue Kléber. Nous circulons à moto et nos poches sont toujours aussi vides. Mais le disque monte progressivement chaque jour et nous faisons partie des 45 tours « possibles » de l'été.

Je suis convié à participer au *Casino Parade* de RTL, animé par Michel Drucker; avec Dalida pour vedette. Je devais passer en « lever de rideau ». J'avais emmené avec mes potes habituels, Richard, Mitsou et les autres. Je profitai que le studio était vide avant l'émission pour répéter et là je me mis à délirer. Le texte de « Femme que j'aime » était complètement changé, ça donnait : « T'es bonne, t'es bonne! » Mes copains étaient pliés en deux. Le fou rire général. Soudain, malaise. Je me retournai et me trouvai face à Michel Drucker. Il me dit :

— Salut, on peut se tutoyer; félicitations, je suis content de te connaître. Cette chanson va être un énorme tube. J' veux tout savoir de toi!

Pendant l'émission il me fit un véritable coup de chapeau.

C'était le temps où les animateurs ne faisaient pas la course à l'audimat. Ils savaient donner le petit coup de pouce à l'artiste.

UNE TOURNÉE DE STAR, 300 F PAR JOUR TOUT COMPRIS

Le soir après le dîner, nous avions l'habitude avec Aurélie d'aller prendre un verre au bar du « Jardin du Louvre. » C'était début juin et je me délectais d'une tartelette au citron. Les langues allaient bon train. Le disque s'était déjà vendu à environ 80 000 exemplaires et s'acheminait doucement vers les 100 000, de quoi construire quelques châteaux en Espagne. Pour conclure, il aurait été important que je tourne un mois ou deux sur les plages. C'est sur cette éventualité que nous sommes interpellés par un garçon sympathique, à l'allure joviale.

– Je vous écoute depuis tout à l'heure. C'est vrai que pour confirmer le succès de « Femme que j'aime », il faut une tournée. Je suis tout neuf dans le métier mais j'ai envie de réussir avec vous. Embauchez-moi dans votre équipe et je me fais fort de vous ramener la tournée RMC.

Ce type nous étonnait. D'autant que mon disque ne passait pas sur Radio Monte-Carlo. Mais pourquoi pas essayer ? Michel Olivier, c'est ainsi qu'il s'appelait, « le p'tit nouveau », n'avait vraiment pas fini de nous surprendre. Trois jours plus tard, après les recommandations de Michel, nous recevions chez Gérard, Pierre Daille à dîner.

Pierre, une tête et demi de plus que tout le monde, grand bonhomme aux cheveux blancs, la cinquantaine bien portée, était le directeur.

Il ne connaissait que vaguement ma chanson. Nous devions donc le convaincre. Les places sont chères dans le métier, il fallait donc faire preuve de ténacité et d'imagination. Ma carrière se jouait en ce moment sur ce disque. Cette tournée était essentielle.

Pierre Daille, histoire de bien mettre les pendules à l'heure, nous avoua qu'il avait accepté de venir à cause de Michel Olivier. Celui-ci s'était simplement vanté de coucher trois jours et trois nuits devant sa porte, s'il n'acceptait pas le rendez-vous avec Jean-Luc Lahaye. La formule l'avait amusé. Mais la tournée démarrait un mois plus tard et il n'était pas du genre à prendre des risques, encore moins à embaucher sur un coup de cœur... et pourtant! Le dîner touchait à sa fin et rien n'avait encore été élaboré. Nous nous enlisions dans une discussion sans intérêt, quand Michel proposa :

– Et si nous allions voir Jean-Luc chanter ce soir?

Effectivement, toujours dans le but d'arrondir mes fins de mois, ou les débuts; Gérard avait accepté que je chante dans une discothèque à Paris, « Beaugrenelle ». Comme à l'accoutumée, je me retrouvais avec la bande des Chapiteaux FM. Mon producteur m'avait bien vendu à Pierre Daille. N'hésitant pas à revendiquer que j'étais la coqueluche de demain, que je fascinais les jeunes filles, que je déclenchais des émeutes à chaque passage.

– D'accord, répondit Pierre Daille, allons voir le phénomène.

La boîte est pleine à craquer. Le public est bon, ce soir-là. Les artistes qui m'ont précédé ont été reçus chaleureusement. C'est mon tour. Je vais mettre tout mon cœur dans cette interprétation. Pierre Daille est installé au milieu de la salle. Il est assis mais dépasse largement les gens qui l'entourent. Si je ne le connaissais pas, je penserais qu'il est debout. Je me concentre sur un seul but : la victoire. Dealers, artistes, rockers, vieux fous et les autres, tous ont le regard fixé sur moi. Et puis soudain, tout le monde danse. C'est un triomphe. J'ai conquis l'assistance. Le lendemain à la première heure, c'est-à-dire midi en langage du show-biz, Pierre Daille me propose de signer le contrat.

Ce soir-là, dans la foule j'ai rencontré celles qui vont devenir mes deux fans les plus fidèles.

Marie-Thérèse, l'inconditionnelle qui ne m'a jamais quitté d'une semelle et Évelyne, qui me suit partout en tournée, au bureau, à la télé et qui fait maintenant partie de l'équipe. Auparavant, elle faisait partie de l'équipe de Claude François. A la mort de celui-ci elle avait décidé de tout laisser tomber jusqu'au jour où elle avait découvert ma chanson. C'était une révélation. Elle avait prié pour que je ne sois pas blond.

Évelyne, merci de ta fidélité!

La négociation a duré quinze jours, je commençais à astiquer mes couteaux, mais maintenant je sais que je vais la faire cette tournée! Je signe le contrat, ouf, mais sans avoir lu la rubrique « Cachet de l'artiste ». On m'offre en tout et pour tout trois cents francs par jour et quelques bons d'essence. Avec ça je dois payer mon hôtel, mon restaurant et mes déplacements. Le Pactole!

Peu importe, il me fallait cette tournée et j'aurais même payé pour y participer. A moi de jouer; tel un général, j'organise et passe mes troupes en revue. Je donne le drapeau à Philippe et sa petite amie. C'est à eux que revient la responsabilité de ma promo. Ils précéderont la tournée de quarante-huit heures, colleront les affiches et toucheront une solde de cent francs par jour. RMC avait prévu comme chaque année un affichage global. Mais je ne fais confiance qu'à mon équipe.

Michel Olivier sera mon aide de camp, représentant Gérard sur la tournée qui n'a pas pu se libérer de ses obligations professionnelles. Son restaurant marche très fort.

Aurélie et sa copine Mimi devront veiller à ce que je ne déborde pas d'affection auprès des fans éventuels, et garder jalousement mes bandes play-back sous le bras à raison de trois copies 19, noyau métal, noyau plastique par sécurité, au cas où le matériel casse.

Nous sommes fin juin, le disque vient de dépasser la vente des 100 000 exemplaires, la tournée RMC c'est pour la semaine prochaine, je décide de me reposer à l'île de Ré avec Aurélie.

Des amis nous ont prêté leur maison. Nous allons profité de ces quelques moments de détente pour nous retrouver et vivre encore une page d'amour de notre belle histoire. Caressés par les vagues et le vent, nous marchons le long de la plage pendant des heures. Hier n'existe plus. Nous ne vivons que l'intensité du moment. Nous sommes seuls au monde.

Mais, l'évasion n'aura été que de courte durée, car nous voilà partis pour une nouvelle aventure.

Ce matin du 1er juillet, chargé d'un sac à dos et d'une raquette de tennis, nous partons à moto en direction de Nice. Nous allons traverser la France en diagonale. La température est de 28 degrés. Il fait chaud, surtout que nous sommes harnachés comme des baroudeurs du Viêtnam. Blousons de cuir, chaussés de santiag, c'est l'enfer.

Au bout de 300 kilomètres, c'est-à-dire vers Aurillac, les pieds gonflés comme des melons, je décide de faire une halte. Nous sommes brisés, nous nous traînons jusqu'à la terrasse du café de la mairie. Mirage? Non, j'ai bien entendu!

– De Marcel pour sa fiancée Ginette « Femme que j'aime » par Jean-Luc Lahaye. Chers auditeurs, merci de nous téléphoner sur la plus belle des FM pour faire vos dédicaces... Jean-Luc Lahaye.

Nous n'en croyons pas nos oreilles. Alors notre chanson a dépassé la couronne parisienne. Ce n'est plus un phénomène NRJ, c'est la France entière. J'embrasse Aurélie, j'embrasse le patron du bar, le chien derrière le comptoir. Je danse, je vole, je récupère Aurélie et nous voilà repartis en direction de la Grande Bleue. La fatigue n'existe plus, j'ai jeté mes bottes – à cause du moteur six cylindres qui dégage une chaleur insupportable, ma raquette, le sac à dos, la pompe à vélo. Plus légers, nous arriverons plus vite. Pour prendre la route, faut savoir sauter dans un train en marche...

Nous avons mis seize heures pour retrouver toute l'équipe qui nous attendait à Nice, au bar de l'hôtel devant une consommation glacée. A Aurillac nous étions brisés, là nous sommes transformés en légume. Je n'ai ni la force de pleurer, ni de sourire. Le monde a basculé dans un énorme cratère. J'ai beau écarquiller les yeux, je ne vois que du noir. Ah! je l'ai voulu mon aventure!

TOURNÉE RMC 1982
Programme :
En vedette, Pierre Perret et ses musiciens.
En vedette américaine Pascal Danel accompagné par ses musiciens.

Après moi, un rocker anglais, style Jerry Lewis, qui se donnait tellement pendant le spectacle, qu'il finissait chaque soir assis sur un tas de sciure.

En première partie les Clodettes, et moi en levée de rideau. Le plus mauvais moment c'est quand les gens sortent de table lourds de l'apéro du soir et de la cuisine à l'huile d'olive. Nous sommes en juillet, il fait encore jour à 9 heures du soir et je ne peux même pas profiter de la magie des éclairages. Pour la première fois Pierre Perret m'a accueilli gentiment. Nous avons fait l'émission en direct de la plage du Ruhl avec toute l'équipe de Radio Monte-Carlo. C'est d'ailleurs là que j'ai fait la connaissance du technicien de la tournée, Dédé. La rencontre de Dédé et Aurélie a été plus mouvementée. Aurélie, qui se chargeait des problèmes techniques, de mon tour de chant, avait pénétré dans la caravane où se trouvait la régie. Dédé ne connaissant pas ma fiancée, l'avait priée méchamment de sortir, prétextant qu'elle n'avait rien à faire là.

Aurélie, qui n'est pas facile, avait répondu sèchement, qu'elle était notre secrétaire. Dédé la pria d'aller se faire foutre... Aurélie ne lui a pas balancé mes bandes à la figure, non! Mais Dédé se souvient encore de tous les noms d'oiseaux dont elle l'a gratifié, du genre :

– Même chez Félix Potin on ne trouve pas aussi con que toi.

Aujourd'hui, Dédé et Aurélie s'adorent, copains comme c'est pas permis.

Durant la période qui précéda la tournée, Michel Olivier dit le « Colonel Chomard », s'était chargé de traiter avec la maison de disques. En tout, huit mille cinq cents affiches soit deux cents par ville pour quarante-deux soirées. L'ensemble était arrivé à Nice, en même temps que les tee-shirts fabriqués pour la circonstance, dans deux magnifiques Lancia Gamma toutes neuves, l'une était conduite par « le colonel », l'autre par sa copine du moment. J'étais très étonné de voir ces voitures garées devant le podium et ne manquai pas de demander leur provenance à mon aide de camp.

– Écoute, c'est simple. La direction de Lancia nous offre ces véhicules le temps de la tournée, à titre promotionnel. Il estime que c'est très bon pour leur image de marque. Elles sont à toi pour deux mois.

J'étais bien aise! (Cette expression ne fait pas vraiment partie de mon vocabulaire habituel, mais la couleur du verbe me plaît bien. On retrouve le terroir!)

Les jours passaient, il faisait beau; nous étions à 15 000 disques vendus chaque jour! mais mon porte-monnaie ne s'en trouvait pas gonflé pour autant. Alors pour nous aider. Un ami de Gérard nous reçut à coucher la première semaine à Saint-Raphaël! Les jours suivants ce fut le tour de Tonton ravi, qui nous reçut dans sa propriété toulonnaise. La tournée s'étendait de Monte-Carlo jusqu'à Arcachon. Quand nous dépassâmes Marseille, il fallut se rendre à l'évidence : nous ne pouvions pas rester chez Tonton. Ce matin-là, il pleuvait. Je laissai la moto au garage et m'aventurai en Lancia avec mon colonel d'opérette. Chaque soir c'était la même rangaine, nous nous mettions en quête de l'hôtel le moins cher, souvent le plus minable. La réponse du patron était souvent la même :

– Vous dînerez là? non! Alors y a pas d' chambre!

C'est aussi à cause de cela que nous avons décidé avec Aurélie de ne plus payer. Y en avait marre des hôtels minables. Nous ne demandions pas le cinq étoiles mais au moins un hôtel décent, avec des draps propres, une salle de bains, un minimum de confort.

Le principe était le suivant; nous demandions au

caissier de l'hôtel de faire porter l'addition de la chambre et les petits déjeuners sur la note de Radio Monte-Carlo. C'était bien et normal jusqu'au matin où un grincheux alla demander directement à Pierre Daille si la tournée prenait vraiment en charge les hôtels de M. Lahaye. La situation a failli mal tourner. J'étais dans ma loge, ou ce qui me servait de loge, la caravane-infirmerie-débarras. Pierre Daille avec ses deux mètres et quelque, surgit comme un taureau privé de saillie, en m'insultant :
– Mais pour qui tu te prends, petit connard, petit merdeux. Tu vas casquer maintenant. T'auras même plus de bons d'essence. Plus rien! Tu vas te démerder, si t'est pas content, tu vires. J'en ai rien à foutre de toi. Tu fais chier, etc.

Il faut dire aussi que le colonel Chomard, de son côté, n'était pas très apprécié. C'est un ami charmant, mais je pense qu'il ne faut pas travailler avec lui. Ne m'en veux pas Michel, mais je préfère t'avoir comme copain, que comme collaborateur.
J'étais peiné, vexé, j'avais vraiment l'impression d'être une merde. A partir de ce jour nous avons décidé avec Aurélie, de ne plus adresser la parole à Pierre Daille jusqu'à la fin de la tournée. Je n'ai pas tenu promesse, je ne suis pas rancunier. Et lui a fait l'effort de se rapprocher de moi, se rendant compte de l'effet que faisait ma chanson sur le public chaque soir. La seconde Lancia fut bientôt accidentée et nous dûmes la laisser dans un garage pour faire effectuer les réparations aux frais du constructeur, bien entendu!

Le colonel est rappelé à Paris par Gérard Pédron. Celui-ci n'est pas du tout content de la façon dont le secrétaire mène sa vie. Il a appris que l'autre passait ses nuits dans les boîtes. Qu'il était toujours au bord de l'esclandre. Qu'il rencontrait trop de gens et qu'il altérait l'image de l'équipe.

La vie continue. En arrivant à Sète, nous décidons de nous offrir le Grand Hôtel. C'est à coup sûr l'équivalent de cinq cachets RMC, mais tant pis. Nous garons la Lancia sur le parking en prenant bien soin de verrouiller les portes. A l'intérieur, nous avons entassé les tee-shirts, les photos, les affiches. Une vraie bagnole de Romano. La chambre nous paraît grandiose en égard à ce que nous avons connu. Un dîner aux chandelles arrosé de quelques coups de champagne et nous voilà au lit, étourdis et vite plongés dans un sommeil réparateur.

Tout à coup, on frappe à la porte. J'ai du mal à sortir de ma torpeur. Les coups redoublent.

– Ouvrez! Police!

Aurélie fait un bond, tend le bras pour saisir un tee-shirt et l'enfile. Je suis déjà debout. Les flics, qu'est-ce qu'on a fait encore? La grivellerie d'hôtel c'est fini! J'ouvre, entrent trois gendarmes.

Monsieur Lahaye Jean-Luc?

Oui, bien sûr!

– Une plainte a été déposée contre vous pour vol et abus de confiance par la société Lancia. Nous allons commencer par prendre votre déposition et vous allez demander à votre petite amie de bien vouloir débarrasser la voiture.

C'était encore un coup du colonel. Il s'était engagé auprès de Lancia et contre deux véhicules à ce que je remercie chaque soir le sponsor après mon tour de chant. Il avait promis également une pub sur l'écran géant de la tournée. La directrice scrupuleuse avait dépêché un inspecteur et voilà le travail. Je signai ma déposition. Le matériel et les bagages furent entreposés au milieu du salon de l'hôtel. Il était 6 heures du matin, je décidai malgré tout de me recoucher.

Le lendemain, avec l'aide de mon producteur, je louai un nouveau véhicule et retrouvai le podium à trois cents kilomètres.

Mimi, la copine d'Aurélie, avait décidé de suivre la tournée à nos côtés. Elle avait seize ans. Elle partageait nos joies, nos galères et nos chambres d'hôtel. Quand il n'y avait qu'un lit, on dormait tête bêche. Tout un programme. Quelle rigolade.

A Argelès-sur-Mer, un quart d'heure avant le spectacle, il est tombé une tonne de grêlons sur le podium et sur les camps de camping. Le spectacle a été annulé. J'en eus beaucoup de peine, car j'attendais mon tour de chant chaque soir avec impatience. J'avais pris goût au public.

Pierre Perret à plusieurs reprises, nous avait invités à dîner. C'est un fin gastronome comme tout le monde le sait. Lors de notre passage près de Bordeaux, il nous conservera un hôtel à Pessac*, l'auberge « La réserve ». C'est la qu'il descendait. Et cela lui faisait plaisir qu'on s'y retrouve.

Quand nous n'étions pas invités, afin de mettre un peu de beurre dans les épinards, j'allais chanter dans les

---

*. *Endroit resté célèbre au hit-parade de ma mémoire, voir « Cent familles » numéro 1.*

discothèques. Dédé nous suivait. Un soir j'avais fait quatre-vingts kilomètres pour un cacheton. Le patron de la boîte avait très mal fait sa publicité car il n'y avait dans la salle, en tout et pour tout, que quatre pèlerins. Quatre animateurs de chez Merlin qui ne sont pas des maisons de maçons. Ça c'est l'autre! J'ai fait mon numéro devant les types qui ouvraient de grands yeux. Je leur étais totalement inconnu et réciproquement d'ailleurs. Je portais une veste rouge, comme la colère du directeur de la discothèque.

Fin août, la tournée arrivait à sa fin. Nous étions trois sur la moto, sans casque, en short et frigorifiés. Il nous restait à peine cent kilomètres à parcourir pour rentrer nous coucher chez Tonton. Soudain la moto fit quelques soubresauts et s'arrêta doucement sur le bord de la route : panne sèche. Trois heures du mat', dans la forêt, ce n'est pas évident. Nous étions mal partis.

Des nuées sombres couvraient la lune, et le souffle du vent avait dans les arbres les feulements d'un fauve. Après quarante-cinq minutes d'attente, une voiture est passée.

Quand nous nous sommes couchés, il faisait plein soleil sur la terrasse de la maison et Tonton lisait son journal du matin.

FIN DE LA TOURNÉE

Richard Dieux, mon copain de toujours, vient m'apprendre la bonne nouvelle : « Nous sommes disques d'or ». En clair, nous avons dépassé les 500 000 exemplaires vendus. Pour Aurélie, pour moi, c'est extraordinaire. C'est une première victoire. La récompense d'un travail acharné. C'est un peu comme l'artisan qui contemple son œuvre.

Cinq cent milles petites galettes de plastique qui tournent à travers la France pour faire chanter et rêver. Je n'y croyais pas vraiment. Tout se mélangeait dans ma tête; le présent, le passé; ma mère venant me raccompagner à la porte de l'orphelinat; Achour et ses brutalités; ma rencontre avec Gérard; le bien et le mal. J'avais la sensation du type qui a avalé trop de somnifères pour oublier et qu'on réveille en sursaut.

Ce soir-là, j'ai fait mon plus beau cadeau et c'est le public de la Grande Motte qui en a profité. Il me fallait remercier tous les gens, solidaires de ma réussite. Quand j'ai interprété « Femme », l'assistance était debout et nous nous sommes envolés vers les étoiles... j'allais peut-être devenir une star.

Et puis la tournée s'est arrêtée à Toulon après deux mois de cavalcade. Pour le dernier soir, j'avais décidé de faire une blague sympa à Pascal Danel. Il avait l'habitude de commencer son tour avec un vieux poste de TSF des années 50, tournait le commutateur face au public, alors qu'un technicien balançait dans les haut-parleurs, qui couraient le long de la scène, son tube « Les neiges du Kilimandjaro ». Après quelques mesures ses musiciens prenaient la relève et il chantait : « Elles te feront un blanc manteau... »

Je m'étais procuré le disque d'Hervé Villard « Capri, c'est fini » et de mèche avec le sonorisateur, nous envoyons la musique au moment où Pascal tournait le petit bouton du poste. Surprise de l'artiste et fou rire général dans l'assistance et sur scène. Malheureusement, Pascal Danel n'a pas apprécié la supercherie. Il criait très fort, cherchant l'individu qui s'était permis cet écart pour lui casser la figure. Alors je lui ai fait face :

– C'est moi pour le coup du disque.

Sa réponse a été courte :

– Ah bon ! c'est toi...

Sans commentaire !

Nous avions tous du mal à nous séparer. Deux mois d'aventure ça crée des liens. Pierre Perret est monté dans sa Mercedes accompagné de sa femme. Pierre Daille a descendu la glace de sa Maserati Indy rouge et m'a lancé :

– Elle est belle, hein ! Un jour si tu deviens quelqu'un d'important peut-être que je t' la vendrai.

Deux ans plus tard la voiture était à moi ! Et tout le monde s'est éparpillé. Avec Aurélie nous avons retrouvé nos amis de Saint-Raphaël avec qui nous avons passé trois jours de repos bien mérités. Nous avons récupéré ma moto après avoir rendu la voiture de location. Mais là, pour des raisons que vous comprendrez, je ne donnerai pas le nom de la société de location.

Sur l'autoroute qui relie Montpellier à Marseille, en fin de matinée, j'ai eu une altercation avec Aurélie. Disons que pour nous c'est fréquent et banal. Pour une futilité nous nous enflammons pour nous jeter quelques instants plus tard dans les bras l'un de l'autre. Cette fois encore, Aurélie me jouait le morceau « archi-connu » du mec égoïste et souhaitait que j'arrête la voiture pour qu'elle puisse descendre avec ses bagages. Nous roulions à environ 120 km/heure.

— Jean-Luc, ça suffit maintenant, arrête l'auto pour que je descende!

— Écoute Aurélie, si tu as vraiment envie de me quitter, saute en marche.

Aurélie a ouvert la porte juste au moment où nous étions doublés à droite par une Ford Granada tirant une énorme caravane. Le touriste allemand qui conduisait n'a pas eu le temps de freiner, entraîné par le poids de son attelage. Il a arraché la portière de notre véhicule et l'a traîné sur quatre cents mètres.

Aurélie était calmée. Moi j'avais les jambes en coton et le caravanier ressemblait à une tomate verte. Nous avons rempli le contrat à l'amiable. Quand nous nous sommes séparés, j'ai même envoyé au type: « A bientôt! ». Je ne sais pas pourquoi, peut-être parce qu'il était sympa.

Si j'ajoute à mon récit que le pare-chocs de notre voiture de location avait été arraché par un camion traversant Marseille, qu'une bande de zozos avait failli faire voler la glace arrière en mille morceaux pour nous piquer l'autoradio d'origine, que les essuie-glaces avaient disparu et qu'à la remise des clés dans la baraque du loueur, celui-ci n'avait pas effectué le constat habituel, vous comprendrez que je tiens tout particulièrement à lui faire garder l'anonymat.

A Saint-Raphaël, sur la petite place entourée d'arbres odorants et de cris d'enfants, nous sirotons un thé au lait. Aurélie a fait glisser ses lunettes sur le bout de son nez. Les jambes allongées, elle profite des derniers rayons du soleil. Demain nous aurons retrouvé la capitale. Nous savons que les ventes ont dépassé 1 million de disques. Nous sommes le 2 septembre 1982, toujours aussi pauvres, mais pleins d'espoir.

… ANAR EN COSTARD

Une grande soirée s'est tenue début septembre au pavillon Gabriel, organisée par Phonogram. RTL et Europe 1 l'ont retransmise en direct. Pour cette raison, les plus grands noms de la maison étaient au rendez-vous : Johnny Hallyday, Serge Lama, Serge Gainsbourg, Charlélie Couture, Francis Lalanne, Claire d'Asta et beaucoup d'autres.

Le président-directeur général, Jacques Caillart, après que j'ai eu chanté devant trois représentants, m'a remis mon premier disque d'or. J'étais très « z'ému » devant cette belle assistance. Je leur ai dit combien j'étais heureux et fier à la fois de pouvoir enfin payer mon loyer. Pour le dîner, j'étais assis face à Johnny. Je le regardais, lui qui avait bercé mon enfance. Nathalie Baye se trouvait à ses côtés. On sentait à travers leurs gestes et leur complicité qu'ils s'aimaient très fort. L'histoire d'un rocker amoureux.

Cette rentrée a donné l'occasion aux radios locales et quelquefois périphériques, de me mettre à l'index. Pas longtemps certes mais assez pour nous faire comprendre.

Le 25 septembre, à Michel Drucker qui m'avait invité à « Champs-Élysées », j'annonçais publiquement que c'était NRJ qui avait lancé ma chanson. Que c'était NRJ qui m'avait permis d'exister. Tollé général et branle-bas de combat contre le pirate. Et pourtant...

Ma vie d'artiste commençait vraiment. Télévision, promotion, journaux qui titraient « La nouvelle idole des jeunes » – « Le chanteur à minettes ».

Je devais connaître toutes les faces cachées du métier. L'envers du décor qui ouvre sur la réflexion et la remise en cause permanente. Les détails insignifiants pour chacun, mais qui gâchent nos bonheurs les plus simples. Le « pour » et le « contre » – J'ai toujours déchaîné les passions. Je déteste l'eau tiède, il me faut du brûlant ou du glacé.

C'était la première fois que j'avais la « une » des magazines. Je me souviens toujours de ma première, que je conserve jalousement et que je regarde de temps en temps. La presse « Jeunes » a suivi (« Salut », « Podium », « OK ») mon premier album, et les autres disques qui ont un peu moins marché que « Femme que j'aime ». Il aura fallu que j'attende trois années pour obtenir un succès aussi évident avec « Papa chanteur ».

Janvier 1983. L'Olympia m'ouvre ses portes. Toutes petites mais c'est tellement impressionnant. Je chantais en première partie de Linda de Suza. En parlant d'elle, je me rappelle l'histoire du mec qui voulait s'associer avec elle, parce qu'il avait des valises sous les yeux... Bon! d'accord. J'ai tenu la scène quinze jours avec deux chansons. Dany Saval, qui était venu me féliciter avec Michel Drucker, après le spectacle, trouvait scandaleux que mon producteur n'ait pas investi pour que je chante accompagné par des musiciens. C'était inadmissible, un chanteur à voix aurait dû se faire entendre et ne pas accepter de chanter sur bande orchestre.

Avec Gérard Pédron, nous avions énormément travaillé. Passionnés tous les deux nous étions continuellement partagés entre les coups de gueule, les coups de cœur, les déchirements, les séparations, les élans d'amitié, les volte-face, les excuses. Nous vivions une véritable commedia. Un artiste est un être sensible, il a constamment peur de ne plus plaire, frémit à l'idée d'être numéro 1 au hit-parade de l'oubli. Les gars qui m'entourent le savent bien. C'est pour cela aussi, pour oublier l'angoisse que certains se bourrent d'amphétamines, s'hallucinent au Mandrax, se bercent de cocktail Valium-alcool. Alors là c'est la fin.

Nous répéterons trois semaines consécutives avant de partir sillonner la France. Pour la circonstance, j'ai acheté un break Peugeot 504 pour transporter les musiciens et loué une camionnette pour balader le matériel. Notre premier concert a lieu à Montauban. C'est moi qui doit clore la foire agricole devant mille cinq cents personnes qui ont payé vingt francs l'entrée et qui vont me faire une formidable ovation. Gérard et Aurélie nous ont rejoints. C'est la première fois que je chante devant mon public. Devant des gens qui ont payé pour voir leur artiste. Je ne suis plus là derrière telle ou telle star du show-biz. Je suis seul et les gens qui se sont déplacés l'ont fait rien que pour Jean-Luc Lahaye. A présent c'est pour de vrai qu'on joue.

Une autre fois, Pierre Lumbroso avait accepté que je chante un lundi après-midi pour la petite commune de

Ronchan en Normandie. Pierre n'aimait pas les concerts du lundi après-midi, ils étaient souvent voués à l'échec. L'organisateur avait quand même insisté et, nous proposait une date supplémentaire pour le mercredi suivant. Nous sommes arrivés dans la cour d'une école communale où une estrade branlante avait été installée à la hâte. Nous avons chanté devant quinze personnes qui représentaient la famille au complet, du maire. Celui-ci voulait se faire plaisir en engageant rien que pour lui et les siens, l'interprète de « Femme que j'aime ».

Il est plus difficile de chanter devant quinze personnes que devant 3 000 personnes. Avec la foule vous avez l'ambiance, la poussée du public, la réaction immédiate. Le mercredi qui suivit, la salle des fêtes comptait huit cents personnes, c'était déjà mieux. Le maire avait tenu parole et Pierre avait raison...

A l'époque, mon copain Mitsou qui travaillait et travaille encore sur NRJ, me suivait beaucoup dans mes tournées et assurait la première partie. C'est grâce à lui et à son humour que j'ai pu accepter tous ces kilomètres fatigants et que je n'ai pas eu les moments de déprime que j'aurais dû avoir.

J'ai donc sillonné comme ça la France pendant deux ans et fidélisé mon public avec environ 60 concerts. Je tenais à chanter en direct, entouré de mes musiciens. Cela ne se passait pas toujours facilement. J'ai dû changer quatre fois d'équipe. La première, je m'en souviendrai toujours, je m'en suis séparé à Vire dans l'Orne. Nom prédestiné. C'était au mois de mai 83. J'avais emmené les musiciens aux puces de Clignancourt pour leur acheter des tuniques, style « sergeant pepper » des Beatles. Je tenais à leur look, tout comme au mien. Afin d'éviter de les salir, j'avais demandé aux garçons de ne pas les mettre pendant le voyage, mais seulement sur scène pendant le tour de chant. Je savais de quoi je parlais, car ils n'étaient pas net-net. Ils appartenaient à la catégorie des « moins je me lave mieux je me porte! »

A Vire, alors que l'orchestre avait commencé à jouer, des coulisses j'ai découvert les musiciens en tee-shirt sales, pleins de sueur. Je n'ai pas du tout aimé. J'ai demandé à Pierre :

– Pourquoi ils se sont habillés comme ça?

– Parce qu'ils veulent pas se mettre les tuniques. Les musicos disent qu'ils se moquent du look. Ils sont là pour jouer!

J'ai compris que c'était peut-être leur façon de penser, mais sûrement pas la mienne. Et à Vire je les ai virés en public. Ce n'est peut-être pas ce que j'ai fait de mieux. Mais je suis un excessif. A la fin de la dernière chanson, au moment de les présenter, j'ai annoncé :

– Mesdames et Messieurs, je vous présente mes anciens musiciens. Alors voici le batteur très sale, voici le très très sale guitariste...

Et les musiciens ont interrompu immédiatement la fin du concert. Le batteur, de rage a écrasé à coup de pied ma Simmons électrique sur la scène. Le guitariste plus méchant l'a poussé carrément dans le public où tombant d'une hauteur de trois mètres, elle a explosé. Personne n'y comprenait plus rien.

Le soir, pour le souper nous nous sommes retrouvés dans un restaurant réservé par la municipalité. A tour de rôle ils sont venus s'excuser et me demander de les reprendre. Pour moi c'était fini, l'affaire était classée. C'est une anecdote qui, avec le recul, me fait beaucoup sourire. Nous avions peut-être des torts des deux côtés, j'ai sûrement été très dur, mais ce qui est fait est fait. Je suis comme ça.

J'ai donc changé quatre fois de musiciens dans ma vie professionnelle, mais c'est sans doute le lot de tous les artistes qui font beaucoup de scène. Malgré tout, l'équipe actuelle tourne avec moi depuis deux ans. Je touche du bois, j'espère la garder le plus longtemps possible. Et puis, j'ai tout de même mis un peu d'eau dans mon vin. Nous effectuons un travail de groupe qui maintenant s'avère plus efficace. Nous faisons des recherches de son, ils ne s'arrêtent pas à un simple accompagnement.

Pierre Lumbroso m'informe que je dois chanter à la salle Gaveau à Paris. Je m'y rends l'après-midi avec les musiciens pour la répétition. Je découvre que la salle est ornée de rosaces bleues, blanches et rouges. Tiens, qu'est-ce que c'est? Nous ne sommes pourtant pas le 14 juillet. J'oublie! Le soir, alors que je me préparais, on frappe à la porte de ma loge.

– Entrez! Et là, stupéfaction, je vois entrer M. Raymond Barre.

– Bonjour, jeune homme, vous vous appelez Michel Lahaye!

– Oui, oui bien sûr!

– Je vous remercie d'avoir accepté de chanter pour notre congrès annuel. Est-ce que vous pourrez finir votre tour de chant en interprétant la Marseillaise? lança-t-il d'une manière sérieuse.

Je jetai un regard complice vers mes musiciens.

– Oui, bien sûr!

C'est ainsi que j'ai chanté salle Gaveau face aux élus et partisans de Raymond Barre. Celui-ci, c'était comique, somnolait au premier rang. Non, je suis médisant, il s'était seulement assoupi pendant l'une de mes chansons.

A la fin, comme il le souhaitait, j'ai envoyé la Marseillaise rock and roll. C'était une Marseillaise « destroy », avec des guitares saturées. L'assistance était plus que surprise, j'irais même jusqu'à dire stupéfaite. Je ne sais pas si monsieur le Ministre a apprécié, je n'ai jamais reçu son télégramme.

Trois semaines plus tard, je chantais porte de Versailles pour le Parti socialiste dans une salle complètement vide. Le régisseur avait décidé que je passerai à 19 h 15. Je me suis donc exécuté, pendant que les techniciens continuaient d'installer le matériel, tables, chaises, bar et divers. Dehors, il y avait trois mille personnes qui attendaient. Pierre Lumbroso a encaissé mon cachet et celui des musiciens, alors que Catherine Lara subissait le même sort que moi. Je n'ai toujours pas compris. L'organisateur était ce genre de type qui va au cinéma avec un livre! Bien entendu!

Pour en finir sur mes concerts « politiques », je dois vous relater l'affaire du PC d'Aurillac où des environs. C'était la fête régionale du parti. Il faisait très beau, ce dimanche de septembre; les femmes papotaient, les hommes complotaient, et les enfants collaient des étiquettes de publicité avec faucille et marteau sur les vestes des joyeux donateurs. Comme à l'accoutumée, Pierre Lumbroso s'est présenté à l'organisateur un quart d'heure avant le début de mon spectacle, pour encaisser le montant de nos prestations. L'autre n'était pas contre, sauf qu'il ne comprenait pas qu'on puisse se faire payer avant d'avoir exécuté le travail.

Logique peut-être, mais imprudent et l'expérience étant bonne conseillère, ce qui est pris n'est plus à prendre. Donc le régisseur ou l'organisateur, appelez-le comme il vous plaira, sort sa boîte à cigarettes, modèle Roméo y

Juliette, en extrait un petit carnet et fait les comptes. Pierre commence à sentir que la chose allait mal se passer. Un pressentiment.

– Voilà le décompte, M. Lumbroso.

Pierre se saisit du décompte et pointa son doigt sur un chiffre porté sur le papier.

– Et ça?

L'autre toussote, remonte ses sourcils qu'il a d'ailleurs très fournis et en passant le revers de sa main sous son nez :

– Ça c'est la retenue de 10 % au bénéfice du parti.

Pierre est au plus mal, il frise l'apoplexie.

– Quelle taxe du parti? Vous plaisantez, j'espère. Sachez monsieur que nous ne faisons pas de politique. Alors c'est simple, ou vous nous payez le montant total qui a été convenu lors de nos échanges téléphoniques, ou nous partons sur-le-champ! (ou sans le chant!)

– Attendez monsieur Lumbroso, ne nous fâchons pas. Comprenez que nous avons besoin de fonds pour faire vivre notre action en faveur des prolétaires exploités. Nous avons besoin d'argent pour que le peuple reprenne ses droits.

– Alors, considérez que je suis le peuple et que j'ai le droit d'être payé et que vous, vous en avez le devoir!

C'était net. Pas question de transiger. Si on ne doit pas mélanger les problèmes de cœur et les affaires, on a le droit d'en faire autant avec la politique. Le temps passait, l'animateur m'avait déjà annoncé quatre fois, j'étais dans les coulisses et le public commençait sérieusement à s'impatienter. Une heure et demie que la discussion tournait en rond. Alors j'ai fait une proposition :

– Vous oubliez votre taxe stupide et je chante deux chansons de plus!

L'organisateur tordait le nez, mais il n'avait pas le choix, c'était ça ou plus rien.

— D'accord! m'a-t-il répondu après en avoir référé auprès des « dignitaires » du parti.

En sortant de ma caravane pour rejoindre la scène, j'ai été reçu glacialement par une « haie d'horreur » les membres du bureau politique.

La fête battait son plein. L'ambiance était chaude et parfumée d'odeurs de poudre à fusil et de barbe à papa. Les gens m'ont applaudi et puis encore applaudi et j'ai chanté cinq chansons de plus que prévues dans le contrat. Tout le monde a trouvé ça normal.

Je ne sais jamais si je dois commencer un récit par il était une fois... une autre fois... un jour ou un bonjour! Bref! Mes amis, nous sommes toujours en l'an 1983 et je me promène à travers l'hexagone.

Denis, qui travaillait au service de la régie d'Europe N° 1, avait émis le souhait de travailler avec moi.

— O.K.! Je te prends comme secrétaire.

Nous avions un concert dans le nord de la France ou dans l'est, je ne sais plus très bien. Il faut dire que j'en ai tellement fait que parfois ça remue-ménage dans mes petites cellules grises, aïe ma tête, que je me mélange les galères.

Denis klaxonne au bas de l'immeuble de l'avenue Kléber que je partage toujours avec Aurélie soit dit en passant. J'ouvre la fenêtre, passe sur le balcon, et que vois-je en me penchant? Une énorme voiture américaine, genre Plymouth 1951.

— J'arrive, Denis!

Je prends mon sac dans le couloir et me projette dans l'ascenseur, curieux de connaître d'un peu plus près la magnifique auto de mon copain.

— Voilà la 7e merveille du monde, Jean-Luc! Je viens

de l'acheter 15 000 francs. En route pour l'aventure et les grands espaces du Far West.

Denis est avant tout un garçon optimiste. Le Far West je n'y crois pas trop, par contre, pour l'aventure nous allons être gâtés. J'ouvre la portière balance mon sac sur la banquette, m'assois à côté du chauffeur. Déjà au démarrage, je trouve que le moteur fait un drôle de bruit. Je demande à Denis d'éviter l'autoroute, un remorquage ça coûte vachement cher.

De temps en temps je me retourne et la fumée qui nous suit me semble de plus en plus noire.

– Laisse, me rassure Denis, c'est normal, tout est normal. Regarde les niveaux, j't'le dis, tout est normal!

Disons que tout a été normal pendant 50 kilomètres. L'aiguille du compteur de vitesse s'est mise à chuter dangereusement vers la gauche. D'autant que les graduations étaient prévues en miles et sachant qu'un mile fait 1852 mètres nous nous dirigions irrémédiablement vers la panne. Le moteur, tel un lion blessé, rugit une dernière fois et se tut.

– Denis, à tout hasard, au cas où tu l'aurais oublié, je chante ce soir. Et si tu veux me servir de secrétaire, il faudrait que tu fasses marcher tes méninges. Je n'ai pas l'intention de passer la nuit ici.

Il y aura toujours des gens pour croire au pouvoir surnaturel de la sorcière « La Dop ». Denis qui flanchait, s'alluma une cigarette d'eucalyptus, ou autre chose qui sent pareil.

– Bon, la mer est basse, on s'casse!

C'était normal comme réponse, mais quand tu te trouves en pleine campagne à trois heures de l'après-midi en direction de Reims, t'as l'air fin! Denis la tête passée sous le capot du monstre américain, pleurait à chaudes larmes. Il s'y était attaché à sa Plymouth 1951.

– Laisse tomber Denis, ce qui n'est plus n'a jamais existé !

Et c'est sur cette phrase hautement philosophique que nous entendons le bruit d'un autocar. Nous voilà au milieu de la route à faire de grands signes. Le car ralentit, freine et se gare sur la droite. La porte avant s'ouvre.

– Alors les p'tits gars on est en panne ? Faut dire que ça consomme ces engins-là !

Le type n'était pas américain, mais ça ne l'empêchait nullement de consommer comme les grosses cylindrées. Gros, chauve, et rougeaud, la quarantaine avisée et rudement esquinté, il nous fait signe de monter. Ça sent les chiottes dans le car. C'est soit un client qui a marché dans la merde et qui a essuyé ses pieds sur les dossiers de trois fauteuils en tweed ; soit le gros rougeaud qui n'arrête pas de faire du vent avec son intestin.

Denis en profite pour se rallumer une eucalyptus, juste pour diluer l'odeur. Il a oublié sa grosse peine et déjà je lis sur son visage qu'il va faire une connerie. Il s'approche du chauffeur qui m'a l'air de tenir une cuite carabinée.

– Ça roule vite ce genre de car ?

Le gros rougeaud roule des yeux vers mon pote, la gitane maïs encastrée dans son sourire édenté.

– Ouais, tiens j'vais t'montrer !

Le gros repousse sa casquette sur l'arrière de son crâne, passe une nouvelle vitesse que je ne connaissais pas ; se penche en avant comme un cycliste et se cramponne au volant. Le paysage défile de plus en plus vite. J'ai beau lui crier qu'on a tout compris, qu'il a forcément raison, le mec m'oblige à me réfugier au fond du car. Je me mets en position d'attente et j'attends. Denis qui semble aussi allumé que le chauffeur lui crie :

– Vas-y tonton, t'es bon là, contrebraque, accélère.

A chaque virage, nous frôlons le grand trou noir... proche de la mort! Cela fait bien dix minutes que nous dévalons la colline quand j'aperçois un village. C'est bon, je pense qu'il va se calmer, l'alcoolo. Pas du tout, il a toujours le pied collé au plancher. Et Denis qui n'en finit pas de l'asticoter.

C'est dans ces moments-là que je regrette d'être un type sobre. Un coup de jaja ça aide à passer les durs instants de la vie. Le premier croisement, rien à dire, sauf peut-être la boulangère qui a failli se faire transformer en serpillière. Le second était prévu par le destin. Je l'appréhendais, tout en espérant qu'il ne se passe rien. C'est un tracteur et sa remorque qui nous a surpris. L'énorme a d'abord freiné, puis a totalement perdu le contrôle, s'est mis en travers, s'est couché sur le côté et en balayant toute la route est venu s'écraser contre le pauvre tracteur. Ah! ça! y'avait d'la poussière.

J'ai retrouvé Denis sur la chaussée en m'échappant par une glace sur le côté. Nous n'avions rien ni l'un ni l'autre. Nous nous sommes mis à rire, mais à rire.

Le cultivateur était muet. Bloqué sur son fauteuil, le béret de travers. Un attroupement rapidement s'est formé. Mais où était donc le chauffeur du car? Tout à coup nous l'avons vu sortir comme une fusée, il courut jusqu'à une dizaine de mètres de nous, baissa son pantalon et se mit à chier en plein milieu de la chaussée... Quelle drôle de réaction tout de même. Il a son mégot toujours allumé au bord des lèvres et crie :

– Merde alors, ça, merde alors...

Vous pouvez rester, j'en ai d'autres. Carcassonne, quelle ville merveilleuse. Je devais y chanter ce soir-là. Aurélie, Gérard, Mitsou et Pierre s'étaient entassés dans la voiture pour m'accompagner. Nous avions roulé toute la journée. La nuit était enfin tombée et nous arrivions de la salle de spectacle qui était en fait une discomobile installée au milieu d'un parc de plusieurs hectares. Personne ne parlait dans la voiture, nous écoutions religieusement les « Quatre saisons » de Vivaldi envahis par une torpeur due à la fatigue.

Rare moment de détente avant le combat. Nous garons la voiture sur le parking où nous attendent des vigiles avec des chiens. Il fait nuit noire et les types nous guident avec des lampes torches jusqu'à la pleine lumière. Les musiciens sont arrivés l'après-midi et ont déjà installé le matériel. Je monte sur scène par l'arrière et me cache derrière le rideau. Aurélie me passe une bouteille d'eau minérale. J'en bois quelques gorgées et m'asperge le visage.

Soudain, les projecteurs s'éteignent. Il y a un grand « Ah » dans l'assistance. Quelques minutes passent, toujours rien. La panne semble grave. Avec la flamme d'un briquet je me dirige vers la régie pour comprendre. On me répond que c'est tout le secteur qui a sauté. Qu'il n'y a rien à faire, la soirée est annulée.

Conclusion, je ne chanterai pas ce soir. Le public ne l'entend pas de cette manière. Il a payé pour voir son artiste, son artiste doit chanter. Ça débute par des coups de sifflets, puis suivent les quolibets. Il y a toujours un petit malin qui balance une bouteille de Kronenbourg. Là c'est chaud. Il vaut mieux s'évaporer rapidement car l'orage risque d'être dangereux.

Je confie Aurélie et les autres aux musiciens et accompagné de Mitsou et des vigiles je décide de récupérer la voiture. Je suis hué par la foule. Les gardiens qui nous encadrent sont obligés de balancer des coups de matraques de droite et de gauche. C'est la bousculade et nous avons un kilomètre à parcourir. Dans ces cas-là t'as le trac. C'est dommage que les artistes doivent subir systématiquement les erreurs et les fautes des autres. C'est nous que le peuple choisit comme bouc émissaire. Pourquoi? Peut-être que c'est plus facile. J'ai récupéré mon auto, très heureux de repartir sans encombre et sans dommage!

Croyez-moi, toutes ces histoires sont authentiques, elles font partie de mon lot quotidien. Même si parfois elles vous paraissent invraisemblables, je les ai vécues.

Bon, maintenant fermez les yeux, je vous emmène dans un petit village du limousin perché sur une colline. Nous sommes en septembre, les forêts de châtaigniers craquent de leurs fruits trop mûrs. Il flotte dans l'air une odeur de girolles, de mousse, de feu de bois. Au loin on entend quelques chiens qui se répondent en aboyant. La journée a été chaude et le soleil qui rougeoie derrière la cime des arbres, réchauffe encore la terre. Demain matin, avec l'humidité, elle fumera.

Le maire du village, qui a eu « l'audace » aux dires de certains, d'organiser le spectacle, au risque de perdre quelques voix aux élections prochaines, nous a invités à partager son repas. Il y a là, Pierre Lumbroso, les cinq musiciens, les deux techniciens et moi-même. La tradition c'est la tradition, il faut savoir la respecter. C'est donc autour d'une épaisse soupe aux légumes que nous commençons à discuter. Nous devions être une vingtaine autour de la table à deviser de cette belle région. A plusieurs reprises je m'étonne que cette maison, dont le propriétaire n'est pas très riche, possède une énorme télévision dernier modèle du genre. Avec télécommande, le must quoi! Le reste du mobilier est plus modeste.

– Dites-moi Monsieur le maire, elle est super votre télé. C'est le dernier modèle de chez BO?

Le fils du maire n'est pas peu, fier :

– C'est moi qui ai insisté auprès de papa pour qu'il l'achète!

Monsieur le maire bougonne :

– Oh vous savez, dans nos campagnes la télé c'est une compagne qui aide à passer les longues soirées d'hiver. Mais je regrette de loin les veillées. Celles au coin du feu, quand le voisin ou le grand-père nous racontait l'histoire du village. On nous distribuait à nous les haricots à écosser ou des châtaignes à éplucher et l'on ne voyait pas le temps passer. C'est fini tout ça!

La maîtresse dépose sur la table trois énormes omelettes, baveuses à souhait, moussantes et odorantes, ainsi qu'une énorme salade du jardin servie dans un saladier en grès. Tout le monde se régale.

– Tu veux goûter à ma piquette, Jean-Luc?

– Une larme, je ne bois pas d'alcool et il ne s'agit pas que j'arrive pompette sur le podium ce soir!

Après le fromage de chèvre, nous nous délectons d'un clafoutis aux cerises.

Maintenant, il est temps d'aller chanter. Je signe les autographes habituels, j'embrasse la merveilleuse cuisinière, la grand-mère, les cousines. Je remercie tout ce petit monde de cet accueil si chaleureux, comme savent en offrir les gens du terroir. La main est rugueuse, mais tellement sincère. On sait déjà qu'un lit vous attend avec des draps blancs parfumés à la lavande.

Je pars avec les musiciens et Pierre avec Monsieur le Maire.

La fête était déjà dans nos têtes et nous avons donné une soirée merveilleuse. Le public était ravi. Ce fut un millier de rappels et d'applaudissements. C'est dans ces quelques secondes que nous vivons intensément le bonheur d'être artiste. Nous nous offrons corps et âme au public. Il le sent, il vibre avec vous. Je quittai la scène épuisé mais heureux. Le maire m'attendait pour les adieux. Encore une fois je le remerciais et m'apprêtant à monter dans la voiture, je remarquai un énorme colis sur le siège arrière.

– Qu'est-ce que c'est Pierre?

Pierre se retourna vers le maire, lui fit un sourire et me répondit :

– Regarde c'est un cadeau!

J'ouvris le dessus du carton et quelle ne fut pas ma surprise en découvrant la télévision qui siégeait si majestueusement dans la salle à manger de Monsieur le Maire.

– Elle te plaisait Jean-Luc, eh bien elle est à toi!

Je ne pouvais accepter. Peut-être avait-il pris mon étonnement pour de l'envie. J'en avais déjà deux à la maison. Et puis c'était un trop gros cadeau. J'essayai tant bien que mal de refuser, en vain. Le maire, en accord avec sa famille, en avait décidé ainsi. J'étais gêné, Je ne savais pas quoi faire pour lui exprimer ma gratitude.

Quand j'arrivai chez moi au petit matin, avec cet énorme paquet dans les bras, Aurélie ne voulut pas me croire quand je lui racontai l'histoire. Elle était persuadée que j'avais encore craqué sur une troisième télé et que je dilapidais l'argent du ménage.

Si un jour vous passez à la maison, vous la reconnaîtrez, c'est la sixième en partant du haut à gauche. Je ne parle pas d'Aurélie mais de la télé, bien entendu.

Il y a des discussions toujours aussi nulles au sujet de Chartres et de sa région. Voici des controverses. Chartres est-elle la capitale de la Beauce? Nous n'en étions pas encore là avec mes compagnons de route. Nous avions seulement décidé ce dimanche après-midi de quitter Paris pour la campagne ensoleillée. J'avais proposé Chartres presque au hasard. La cathédrale, voilà en fait ce qui m'attirait. Je l'avais vue, mais jamais percé son secret. Depuis quelque temps j'en avais beaucoup entendu parlé et d'une façon différente. Sans faire transparaître ma curiosité, il fallait que je la touche d'un nouveau regard.

Nous sommes habitués à côtoyer, à voir sans regarder, à utiliser sans comprendre ces édifices religieux imposants que sont les cathédrales. Et pourtant, elles véhiculent un message. Nous étions une quinzaine à moto. Aurélie m'entourait de ses bras; Mitsou, Richard et les autres suivaient en file indienne. Après Ablis, les doigts commençaient à me piquer, le froid était vif en ce mois d'octobre. Nous quittâmes la route sur la droite pour rejoindre un village. Le premier café fut le bon. On gare les motos devant la porte. En entrant, on reçut la musique en pleine gueule ainsi qu'une odeur de sueur, de charbon de bois, d'alcool. La salle était pleine. Notre entrée ne se fit pas sans remarques. Une équipe de rugby et ses supporters se partageaient le bar et les tables.

Après le remue-ménage habituel, les casques qu'on pose par terre, les chaises qu'on traîne, on commande du thé bien chaud avec du lait pour tout le monde. Les quolibets commencent à fuser. Les rugbymen en sont à la bière fraîche de chez Kro.

— Patron, du lait pour les p'tits minets!

C'était évident, les types voulaient continuer leur match et ils nous avaient choisi comme adversaire. Le seul problème c'est que nous n'avions pas de ballon et que nous devions jouer sur un terrain réduit. La sono préhistorique crachait toujours une chanson de Johnny une mélodie de circonstance.

Le leader d'en face s'avança vers moi. Il était grand d'une tête de plus que nous tous, avec une carrure égale à Richard et Mitsou réunis.

– Eh l'chanteur, faut que tu nous pousses une romance.

Il s'était rapproché de si près que ses paroles agressives et coupantes en tombant de sa bouche en rayaient mes bottes vernies.

Un membre de notre bande lui répond :

– Quand Jean-Luc chante, il se fait payer.

Le malabar qui ne devait pas jouer dans l'équipe des ombres qui passent se gratta la tête et grogna :

– J'te file vingt mille balles et pousse ta rengaine mon pote. De toute façon t'a pas le choix!

Le type confondait les nouveaux et les anciens francs sûrement. Derrière lui, un mec qui jouait à l'intelligent lui lança :

– Vas-y Jojo, joue-lui ta musique!

On m'avait toujours dit que le rugby était un sport de voyous joué par des gentlemen et là j'avais le doute. Nous étions loin du quartier des branchados de la Bastille, mais un petit quelque chose me souffla qu'on allait les faire voyager, ces petits rouleurs.

Tout est parti en même temps. Je me suis levé, le malabar a cru que j'acceptais sa proposition. Bien mal lui en prit car de toutes mes forces je lui balançai un coup de tête dans l'estomac. Richard s'était déjà rué sur ses copains et Mitsou faisait tournoyer une chaise au-dessus de sa tête. Une boule de billard, qu'elle soit rouge ou blanche, quand elle passe, elle ne fait pas zip, mais quand elle arrive, ça fait crac! La glace du bar est descendue la première. Puis les étagères ont suivi. Le patron n'était pas gaucher non plus. Son charme c'est qu'il ne savait pas pour qui donner. Alors à force d'hésiter, une queue de billard est venue le saisir entre le nez et le menton. Même ses cris n'ont pas couvert le bruit de ses dents dégringolant une à une sur le pavé. Pauvre homme! Le malabar était par terre et deux de la bande de chez nous jouaient les maniaques en lui tordant le nez et les oreilles. Au bout de dix minutes nous étions à cinq partout. Déchirés, ensanglantés, écartelés par les remords, boursouflés, excommuniés de tous les bistrots d'Eure-et-Loir, grelottants et coagulés, écorchés, largués, délabrés, usés.

Un de mes potes en profita pour rouler une « super pelle », style cinéma américain des années 30, à une fille de la bande adverse. Aurélie, assise sur une banquette, bien loin des regards hostiles, s'était apopriée le plateau de fromages qui traînait par là. Entre deux bouchées qu'elle mastiquait doucement, elle jetait les coulants dans la mêlée. Quand la patronne a crié qu'elle avait appelé les gendarmes, on a tous compris qu'il valait mieux se tirer au plus vite. Dehors les autres en avaient profité pour mettre le feu à une moto. Nous avons réussi à l'éteindre avec nos blousons. Quand les flics sont arrivés, nous étions déjà loin.

Sur la cathédrale de Chartres, des signes géométriques curieux sont gravés et ils nous sont suffisamment familiers. Ce sont les signatures ou les messages des Compagnons du Devoir. Ces ouvriers ont construit tout ou partie des monuments religieux ou nobles de l'Occident; on retrouve ces signes...

Pierre Lumbroso nous avait réservé une chambre dans cette ville de Loire-Atlantique où je devais chanter le samedi après-midi. Nous sommes arrivés la veille avec Aurélie, mais très tard. Nous avons garé la voiture sur la place devant l'hôtel. Nous avions décidé d'allier l'utile à l'agréable en se payant une énorme grasse matinée. Le truc dont on rêve en dormant quand la vie d'artiste vous bringuebale de droite à gauche sans pouvoir souffler. Le gala était à quinze heures au palais des expositions à la sortie de la ville. Nous avions de quoi nous refaire une santé par le sommeil.

Vers cinq heures je fus réveillé par le jour qui filtrait par les volets. A 6 heures, à cause du bruit, je compris qu'il fallait que je me lève. Je me précipitai à la fenêtre prêt à jeter au premier passant le pot de géraniums aux fleurs roses qui ornait le rebord. Surprise, ma voiture avait disparu, noyée au milieu de cent marchands forains qui encombraient la place du « marché ». Ça allait du charcutier au marchand de légumes en passant par la quincaillerie, les tondeuses, les ballons gonflés à l'hélium, les crêpes et dans tout ça je cherchais mon auto. Je la repérai enfin! Un poissonnier en avait fait son étal. Il avait installé ses caisses de poissons un peu partout, sur le capot avant, jusqu'au toit.

J'enfilai un jean et me précipitai dans l'escalier. Dans ma tête j'étranglais déjà le profanateur. C'est lui qui allait payer pour tout. Mon sommeil interrompu, le bruit, tout.

Le type riait quand il me reconnut.

– Excusez-moi monsieur Lahaye. Tenez je vais vous dédommager. Prenez ces belles truites, vous les dégusterez en pensant à moi.

Devant sa spontanéité et sa gentillesse j'oubliai ma colère. J'en avais maintenant un peu honte. Je lui demandai seulement si je pouvais récupérer mon automobile, bien encombrée.

– Après le marché si vous le voulez bien, de toute façon vous ne pouvez pas sortir, vous êtes coincés.

Une pause! je respire!

– Comment je fais pour me rendre à la répétition de mon concert. Il faut que je sois sur place vers 13 heures, vous vous rendez compte?

Le poissonnier ne perdait pas son calme.

– Allez prendre une douche et finissez tranquillement votre p'tit déjeuner, moi je vous emmènerai. Mon camion est garé à l'extérieur. Pas de problème!

Nous avons rejoint le palais des expositions dans le tube Citroën du commerçant. Il riait en voyant Amélie grimacer à cause de l'odeur de poisson.

J'ai chanté (mais pas la truite de Schubert).

Trois jours plus tard, je découvrai une dizaine de truites saumonnées dans le coffre de ma voiture. Généreux, le poissonnier, mais il avait oublié de m'avertir...

DÉCIBELLE

Quand Gérard sut que cette FM des Côtes-du-Nord m'avait invité sur son antenne, il n'hésita pas à laisser son restaurant pour m'accompagner... et retrouver ses racines bretonnes.

Décibelle (qui en fait s'appelait Source) nous accompagnait. En arrivant sur place, à peine avions-nous ouvert la portière de la voiture que la belle chienne blanche aux yeux d'émeraude s'échappa. Fugueuse Décibelle! Nous passâmes la journée à sa recherche, frappant aux portes des fermes, interrogeant en vain les clients des bistrots, les passants...

Tard dans la soirée, nous apprîmes qu'elle avait égorgé quatre moutons. Le propriétaire de ceux-ci cherchait aussi Décibelle, mais pour d'autres raisons... L'homme était armé. Je récupérai ma chienne in extremis, tandis que les plombs du fusil déchiraient les feuilles des arbres autour de nous.

Décibelle a connu une fin tragique. Une fois de plus (de trop) elle échappa à Aurélie. La fugue paraissait plus sérieuse. NRJ, pour nous aider, passait régulièrement des messages.

— Jean-Luc Lahaye a perdu sa chienne blanche, une..., une récompense...!

Elle s'était enfuie avec ses chiots, deux mois après avoir mis bas une portée de cinq. Nous n'avons jamais compris pourquoi elle a été retrouvée coupée en deux par un train entre des rails de chemin de fer.

Décibelle, ma chienne, j'y pense encore.

Maria la gardienne de l'immeuble de l'avenue Kléber a été super-sympa. J'ai la nostalgie de ce petit duplex au 5e étage.

Quand Maria a perdu son mari, elle a pris sa retraite. Je la regrette, elle était si compréhensive. Au début je garais une moto, à la fin c'était trois motos plus les copains. Je n'ose pas parler de l'ascenseur. J'ai honte! Les fans ont toujours su où j'habitais. Tant que ça se passait dans la rue, c'était sans histoire. Mais alors l'ascenseur. «Jean-Luc je t'aime!», «Jean-Luc pour la vie!», «De Martine à Jean-Luc!». Pour ceux qui débarquaient la première fois c'était simple: il suffisait de suivre les grafittis. Les gens de l'immeuble ne disaient trop rien, jusqu'au jour où Aurélie s'est engueulée avec la voisine du dessous. Les échanges ont été sévères.

– C'est ignoble tous ces grafittis, vous n'avez pas honte?

Réponse de ma fiancée:

– Vous portez tout l'ennui du monde dans le regard ma pauv' dame. Laissez-nous vivre, respirer. Triste, voilà vous êtes triste et condamnée à mourir triste. Vous êtes fade comme une tisane sans sucre, emmerdeuse comme les mouches au mois d'août, une fourmi rouge sur un pot de confiture!

Elles se sont donc quittées fâchées! Un quart d'heure plus tard, on sonna à la porte. J'étais au téléphone et je demandai à Aurélie de répondre. Elle se trouvait à la

cuisine à préparer le dîner, la radio branchée sur le hit-parade. En bougonnant j'entrebâillai la lourde. Une femme que j'avais dû croiser dans l'escalier s'étrangla :
— Tenez !

Et d'un geste maladroit elle laissa tomber à mes pieds, tous mes disques cassés en morceaux. Il faut dire que l'altercation avec Aurélie y était pour quelque chose.
— Voilà ce que j'en fais de votre carrière !

J'étais déçu qu'une mère puisse agir ainsi vis-à-vis de sa fille. Puisque d'un fait divers avec son voisin du dessus, elle punissait sa fille, gamine de sept ans, fan de Jean-Luc Lahaye. Peut-être même que sa fille était responsable d'une marque dans l'ascenseur. La connerie n'a pas de limite.
— Madame, vous êtes stupide et méchante !

Mais elle ne m'avait pas écouté, elle était déjà partie. Je l'ai rejointe à son étage. Elle ne m'a pas ouvert sa porte mais je sais qu'elle m'écoutait derrière. *Avec un artiste on ne sait jamais.* Je lui ai simplement glissé un mot sous la porte :
— *Regarde-toi dans la glace, avant d'aller dans le monde faire ton souk !*

LA MOTO ABANDONNÉE

Un soir d'été, à moto avec Aurélie, je traverse le pont Caulaincourt. Comme d'habitude, nous portons le casque sur le bras. Une voiture freine brutalement devant moi. Je n'ai pas le temps de réagir et je la percute à l'arrière. Aurélie a un réflexe immédiat, digne de figurer dans une bande dessinée : elle me rattrape par les jambes alors que je partais pour un vol plané mortel.

En revanche la moto fut massacrée. Dépité devant le cadavre de ma moto, moi le maniaque qui évite de sortir mon engin quand il pleut, qui passe la peau de chamois sur la selle humide, je suis là les bras ballants, sans voix. Je décide de l'abandonner sans ambage. Je me retourne et je pars, laissant la moto avec les clés de contact.

– Tant pis c'est fini! J'en ai marre. Qu'on se serve, qu'on vienne me la piquer, je m'en fous!

Ma réaction fait beaucoup de peine à Aurélie.

Le lendemain elle me propose d'aller chercher la moto.

– Non, non, elle est bien là où elle est!

Nous marchons jusqu'au pont, je ne m'attends nullement à la retrouver, étant donné que nous nous trouvons dans un quartier très « chaud ». Et que voit-on garée sur le pont Caulaincourt? Toujours la 1300, avec les clés dessus. C'est incroyable. Nous la laissons une nuit de plus. Aurélie m'invite à revenir le surlendemain. La moto est toujours là; après deux jours et deux nuits passés sur le pont avec les clés dessus. A mon avis, s'il y a eu d'éventuels voleurs ils ont dû se méfier, pensant que c'était un coup de flics planqués quelque part. Et puis, j'ai appelé un dépanneur. La panne était mineure (c'était seulement la fourche et le phare à changer). Cette 1300, je l'ai encore.

Un an après « Femme que j'aime », j'enregistre mon premier album, qui sera disque d'or.

L'année 1983 n'est pas une bonne année pour moi : je découvre le service après-vente (les radios, les télés). Bien que je sois élu « chanteur n° 1 » par la presse des jeunes, je ne suis pas très à l'aise avec « BRANDO » et « DÉCIBEL ». Ce n'est pas tout à fait la direction que je souhaite prendre, mais on m'y oblige. Je vois moins souvent Aurélie parce que je suis sur les routes.

Gérard a vendu « Les jardins du Louvre ». Nous n'avons plus de bureau. Les réunions se passent chez moi avenue Kléber. Une chambre est louée derrière les Halles pour Martine qui crée le « Fan-Club ». C'est une petite piaule au fond d'une cour, un peu sordide. Et puis commencent les tensions avec Gérard sur les orientations de ma carrière. Nous sortons d'un million de disques avec « Femme » et là nous n'y sommes pas vraiment. Tous les deux. Nous nous retrouvons en mal d'avenir.

Fin décembre, trois heures du matin. Je décroche le téléphone. C'est Gérard qui m'appelle :

– Écoute Jean-Luc, je crois que c'est pour toi!

Gérard m'envoie la chanson. Je craque. C'est vrai qu'elle est pour moi, cette chanson. Je décide de l'enregistrer le plus vite possible, mais avant je veux me détendre à l'île de Ré. Pendant une semaine complète je n'adresserai la parole à personne pour ne pas fatiguer ma voix. Je revis. Je sais, je sens que je vais faire un tube. De retour à Paris, j'entre immédiatement en studio. Il va en sortir un titre qui va me remettre sur les rails de la gloire : « PLUS JAMAIS! »

Le disque sort en février 1984. Je fais ma première télé chez Mourousi et rapidement mes ventes atteignent quinze mille disques par jour.

MARGAUX

Au printemps 1984, pour ma plus grande joie, Aurélie m'annonce qu'elle est enceinte. Nous ne sommes pas mariés et d'un commun accord nous choisissons de régulariser la situation. Et nous nous épousons dans le plus grand secret à la mairie du 16e arrondissement à Paris, encadrés de nos deux témoins, Mimi et Richard Dieux, nos amis.

Aurélie est enceinte de huit mois et quelques... Je viens d'acheter ma propriété en Vendée que j'affectionne tant. Nous profitons d'un gala que je dois faire à Angers pour aménager la maison. Aurélie est de plus en plus grosse et essouflée. Mais rien ne l'arrête. Le ventre en avant la voilà à pousser, à tirer les meubles. Elle installe son nid.

Avec Pierre Lumbroso et Gérard Pédron nous quittons la Vendée pour nous rendre à Angers. Aurélie tient à être du voyage. On m'annonce que le chapiteau est plein pour le soir. Je fais les répétitions. Une demi-heure plus tard les contractions commencent. Affolement général. J'annonce à Aurélie :

– Tu sais, je me suis renseigné, il y a une clinique formidable à Angers. Tu peux le faire là, ton petit.

Elle prend ma main et la pose sur son ventre rond :

– Il n'en est pas question. J'ai mon médecin accoucheur, Coryne Varnièze. J'ai réservé à la clinique, non je vais faire la route, j'y vais.

Et elle est raide comme un bout de bois. Gérard décide donc de la ramener. Je suis très inquiet. Ils font Paris-Angers en moins de deux heures escortés par deux motards. L'organisateur du spectacle, très gentiment, m'a fait tirer une ligne de téléphone sur scène pour que je puisse être en communication avec la clinique parisienne et suivre l'évolution du « travail ». Deux mille personnes présentes sous le chapiteau sont au courant. Le concert commence. Il se passe cette fois quelque chose qui restera gravé dans les annales du show-biz. On m'appelle toutes les demi-heures. Je chantais, un musicien venait me taper sur l'épaule à la fin du morceau, parmi les applaudissements :

– On te demande au téléphone Jean-Luc.

Je m'approchais du micro, et à mon public :

– Je vais au téléphone, je reviens tout de suite.

J'allais derrière la batterie, je prenais le combiné. J'attendais les explications, je revenais sur scène. Et les gens, deux mille personnes en même temps me demandaient :

– Alors c'est un garçon, ou une fille?

Les paris allaient bon train. Je remerciais les gens.

J'ai eu cinq interventions comme ça pendant le concert.

Après avoir signé les autographes, alors que certaines personnes mécontentes de la tournure des opérations lançaient :

– Mais laissez-le partir, vous savez bien qu'il est attendu à Paris!

Je récupérai mon vieux break 504 Peugeot, négociai avec les trois fans qui avaient réussi à prendre place à l'intérieur :

— Soyez sympa les filles, il faut que j'y aille !

Je suis arrivé à la clinique à deux heures trente du matin, Margaux était née depuis trente minutes. Entre-temps tous les copains prévenus m'attendaient à l'entrée.

Avec les motos, il ne manquait plus que le stand de frites pour que la fête soit complète.

J'ai rejoint Aurélie dans la chambre et j'ai vu ce petit bébé qui pleurait. Ce fut un très grand moment pour moi. J'ai déchiré une feuille de mon agenda, j'ai écrit : « C'est une fille, elle s'appellera Margaux. » J'ai plié la feuille pour en faire un avion de papier. J'ai ouvert la fenêtre et du cinquième étage j'ai laissé s'envoler le message.

J'ai attendu. Quand mes potes ont reçu le billet, qu'ils l'ont déchiffré, ils se sont mis à crier « Hourrah !, hourrah !, hourrah ! » Je suis resté deux heures dans la chambre avec Aurélie. J'attendais qu'elle s'endorme, le visage tourné vers le petit berceau transparent. Je me suis effacé discrètement.

Avec tous mes potes, nous nous sommes rendus place de l'Étoile. Il était cinq heures du matin. L'un d'entre eux a ouvert un sac de plastique en a sorti des pétards et des feux de bengale. J'ai allumé un feu d'artifice, le feu de la victoire. Je suis entré dans une cabine téléphonique j'ai composé le numéro de Lucien Detom, je l'ai réveillé :

— Lucien, je fête la naissance de ma fille, viens me rejoindre.

Il est venu, les yeux pleins de fatigue et là sur le comptoir d'un bistrot, avec tous les copains, nous avons écrit tous les deux jusqu'à sept heures du matin « Papa chanteur ». Nous avons écrit une quinzaine de couplets et il a fallu faire des coupes sombres. Ce n'est que quelques mois plus tard que se fera la musique, d'une façon curieuse. J'avais confié le texte à Cyrille Assous, (avec qui je ferai plus tard « Djemila des Lilas »). Il a été ému par cette chanson, lui même étant jeune papa. Nous étions en studio, Cyrille avait écrit deux chansons sur l'album, « Nostalgia Argentina » et « J'ai un scoop à la une » (et non pas « sur la une »!) J'aurais pu m'en servir comme générique pour mon émission de télé, quelques années plus tard.

Nos deux premiers albums étaient très riches, ils comportaient treize chansons. C'est très difficile pour la gravure de soigner autant de titres. Mais comme je suis superstitieux, il me faut le chiffre 13. Là, je n'avais que douze titres. Il en manquait un. Cyrille s'est avancé avec sa guitare sèche, et face à Gérard :

— Jean-Luc m'a demandé une musique pour « Papa chanteur », voilà ce que ça donne!

Il l'a chanté. Gérard trouvait ça pas mal, mais il voulait s'arrêter à douze titres. Il était midi, tous les musiciens étaient partis déjeuner. Cyrille et moi nous sommes restés dans le studio. Nous avons enregistré le play-back pendant les deux heures de liberté et j'ai posé la voix. Quand Gérard est revenu, nous lui avons fait écouter. Il m'a embrassé :

— C'est formidable, on la met sur le disque!

L'ENFER ET L'ENDROIT

Une vie n'est faite que d'anecdotes qui, mises bout à bout, construisent une histoire. Ce n'est pas toujours rose, mais l'on se souvient plus facilement des bons moments.

Margaux et Aurélie étaient encore à la clinique que je repartais en tournée avec RMC. Mêmes villes, mêmes conditions de vie que deux années auparavant, sauf que, cette fois-ci, je chantais en vedette américaine de Roland Magdane.

Pierre Rouille m'avait enfin vendu sa superbe Maserati rouge qui allait d'ailleurs m'attirer d'énormes ennuis.

Mitsou, le roi du rock and roll avait été embauché comme présentateur du spectacle. A part quelques anicroches au départ avec un groupe de musiciens de second ordre, la tournée s'est déroulée dans la bonne humeur.

Chaque soir, Mit's passait au maquillage, enfilait un spencer inimaginable, entre le perfecto et le blouson à paillettes 70 provocant et attendait dans la loge. En vérité, mon copain était venu pour chanter, chose qu'il ne fera que trois fois. Cela nous laisse du temps pour faire des conneries.

Puisque la star de la tournée était un comique, nous

avons décidé, avec mon inséparable camarade, de faire rire également.

Roland Magdane avait la chance de posséder une énorme caravane, du genre manouche qui a réussi. Pour des raisons pratiques, compte tenu de sa dimension, elle se trouvait toujours derrière le podium, un peu trop près du monde extérieur.

Dans un spectacle en plein air, malgré les barrières, on ne peut pas empêcher la foule de laisser échapper quelques éléments incontrôlés! En général, ce sont des fans, avec ou sans leurs parents. Imaginez une seconde de supprimer une barrière de protection derrière laquelle piétinent deux ou trois mille personnes. Imaginez que sur la porte de la plus grande caravane, vous accrochiez une pancarte « WC ».

N'imaginez plus la suite. Tout s'est fait pendant que le Kid, insouciant le pauvre, exécutait son numéro sur la scène plantée devant la Méditerranée, à hauteur de Narbonne-plage. Un triomphe! Il a eu droit à trois rappels, le tout dans une atmosphère étouffante, poussiéreuse et lourde. Magdane, malgré les acclamations, n'avait qu'une hâte, retrouver sa caravane-loge pour prendre une douche, se changer et se sauver pour dîner en tête à tête avec sa jeune épouse. Bien mal lui en prit. C'était la profanation de son succès!

Deux cents « pékins » l'attendaient devant sa porte et cinquante six à l'intérieur. Les chiottes étaient bouchées, la douche transformée en urinoir et ses fringues déchirées en lambeaux, partagées et vendues à ses fans.

Du bon boulot quoi!

En fait, Roland Magdane ne s'est écroulé que deux jours plus tard, quand j'ai fait remplir sa roulotte « de luxe » d'un demi semi-remorque de fromage « Belle des Champs »! Cette société suivait promotionnellement la tournée et chaque soir offrait à l'équipe, aux artistes, au public des toasts au fromage. Un après-midi, le transporteur chargé du réapprovisionement m'a demandé par hasard où il devait entreposer les cartons de fromage :

– Là, dans la remise, lui ai-je répondu, souriant.

Le type m'a remercié pour le renseignement et pour le coup de main. Il fallait faire vite. Quand Roland Magdane est arrivé en soirée pour se changer, et qu'il a vu le désastre, il est reparti « sur le champ »! seule l'odeur est restée jusqu'à fin août.

La musique battait son plein tous les soirs sur le podium RMC. Chaque ville nous accueillait chaleureusement. Nous étions attendus : Jean-Philippe, notre colleur d'affiches, effectuait son travail consciencieusement, nous précédant de vingt-quatre heures. Une nuit, avec Mitsou, nous lui avons proposé notre aide et, de minuit à trois heures du matin, nous avons transformé la ville de Toulouse en panneaux d'affichage électoral. Mon visage était partout, sur les vitrines des magasins, les abris-bus, les panneaux de signalisation, les bancs publics. Jusqu'au moment où un car de police nous a coincés par surprise devant la poste. Le chef nous a obligé à refaire le trajet en sens inverse, mais pour décoller cette fois. La colle avait déjà fait son travail et nous étions obligés de gratter les morceaux rebelles avec nos ongles. Le commissariat, le lendemain, en a fait des gorges chaudes. Mais jamais mon nom n'a été prononcé. Because? Les flics ne m'avaient pas reconnu!

Entre la cuite à Biarritz de Dédé Bride après l'absorption de 17 vodkas dans des verres à limonade, de mon arrestation à Draguignan pour injures aux forces de l'ordre, de ma fuite éperdue devant les avances sans équivoque d'une vieille chanteuse en mal de gloire, de notre mise en quarantaine par Pierre Daille à cause d'une soirée que nous lui avions fait annuler à cause d'un orage prochain, alors qu'il n'est pas tombé une goutte d'eau et que 3 000 personnes attendaient le spectacle, tout s'est bien passé et cette tournée m'a révélé deux choses : que ma chanson « Plus jamais » était un tube et que le podium de radio Monte-Carlo portait bonheur!

**CENT FAMILLES
FONDATION
Jean-Luc LAHAYE**

nos filles concrétisées

*La Fonda avant
les travaux
une vraie ruine...*

La Fonda en Travaux..
J'y arriverai jamais

Joseph et Christian
attaquent la salle de jeux !

un petit break pendant
les travaux...
[illegible] le [illegible] de dejute..

*inauguration avec RTL
la fête des mômes*

*Nicou Nicou. Les gamins
qui arrivent à la Fonda*

10 à zéro. il faut laisser gagner le Président!!

Mais non ça se sane comme ça le Flipper!!

Aout 85 en Vendée
Morgaux Bébé

10em au Bol d'or
ça se fête
champagne!!

Samuel Laudroy - Patrick Rouxel..
Elle est belle notre Fondue

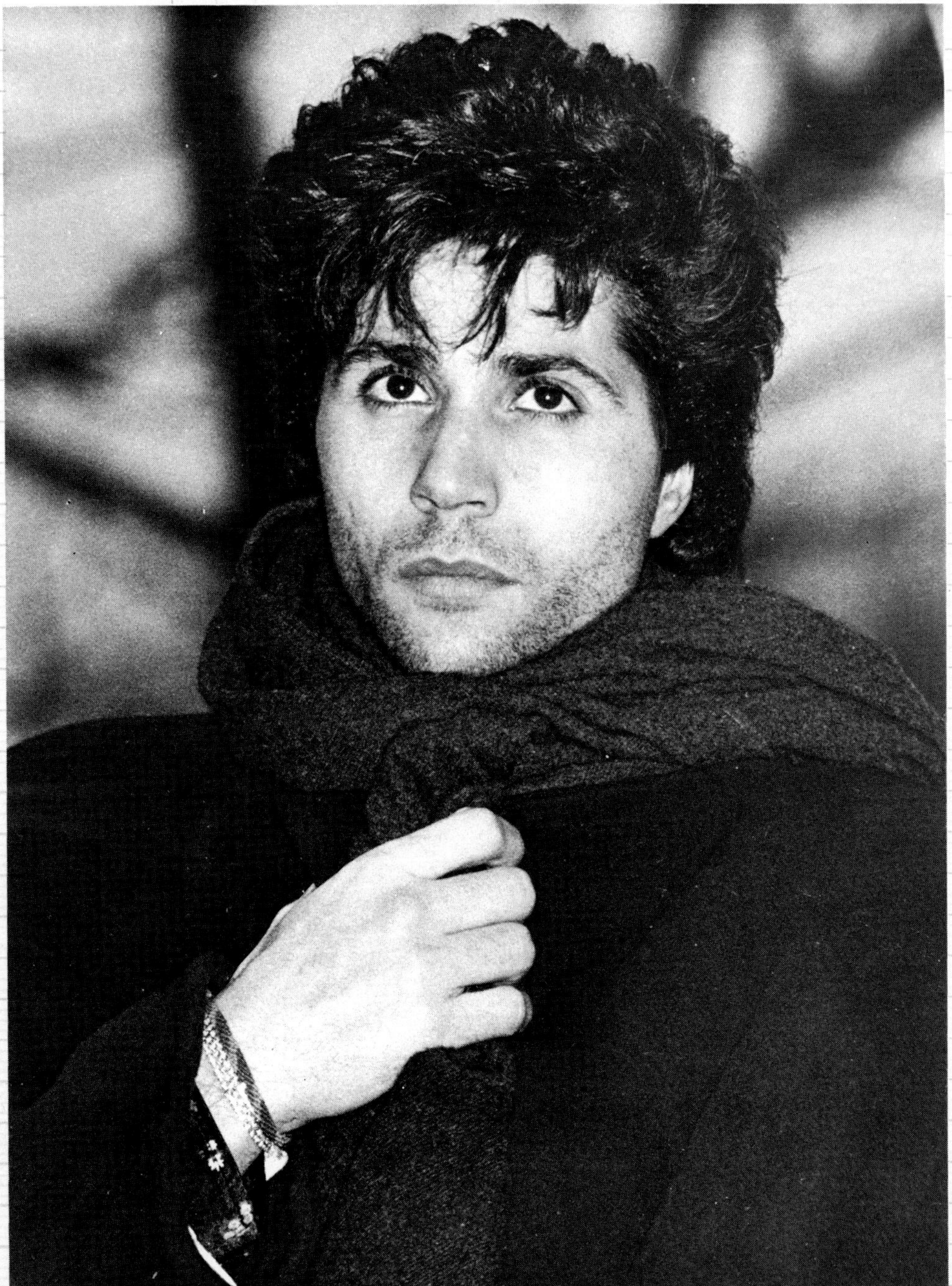

J'écris le Tome II Patrick m'apporte son soutien !!

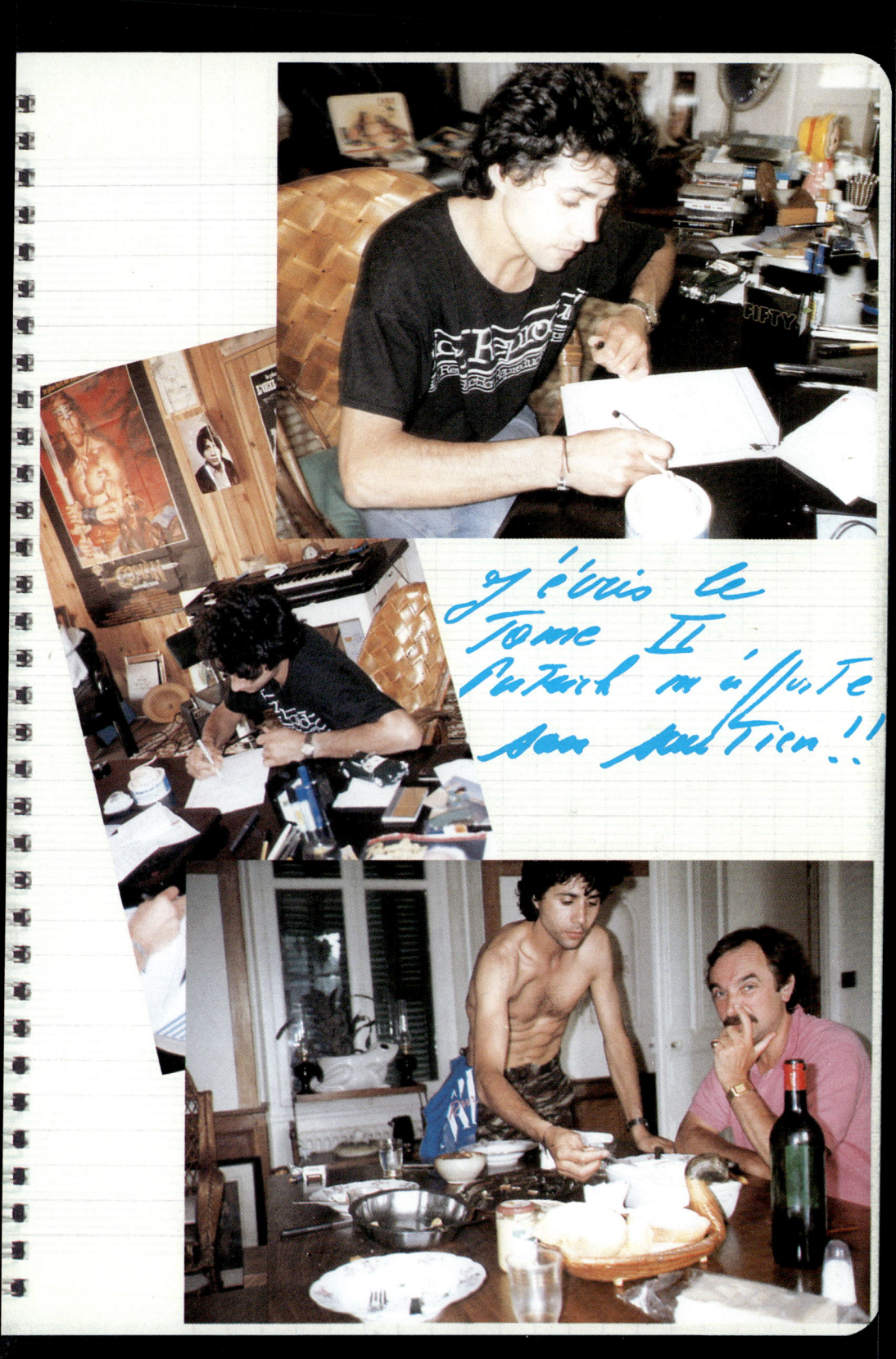

Un stock. celà en
Vendée. Juillet 86
Je vais même chanter...

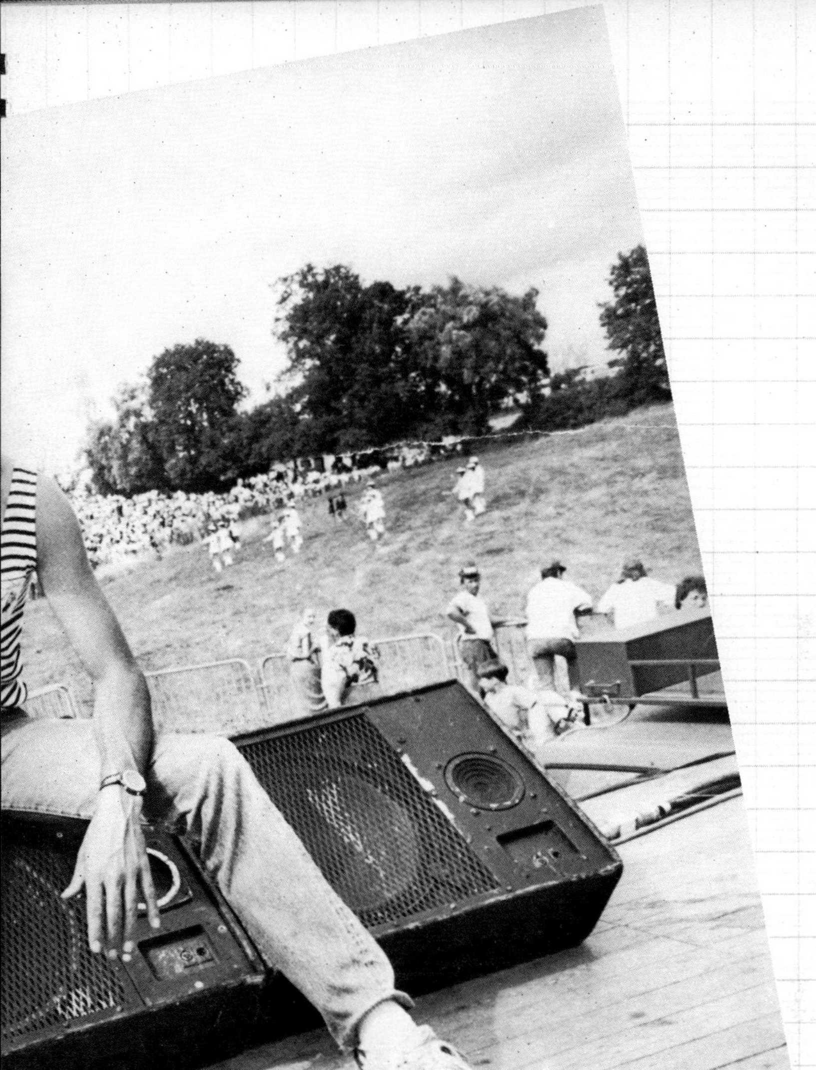

ma photo préférée...

c'est curieux les paroles déjà...

Il Faudrait que Tu Viennes au Palais des Sports.

quelques minutes
avant le départ
ET si j'avais peur...

Tomo est heureuse
on a gagné

La Toto n° 100
comme aut. Famille
au 3ol d'or.

Fonda. Restos du ♡
même combat !

LE CARDINAL

C'était comme un petit oiseau tombé du nid. Il pleuvait, nous étions en novembre, il y a bien longtemps. Le vélomoteur du gosse s'est mis en travers et je l'ai vu désarticulé comme un pantin, rouler sur la chaussée, sa tête cogner contre le trottoir. Il ne portait pas de casque, il avait quinze ans. J'ai eu très froid tout à coup! Instinctivement, j'ai passé mes mains dans mes cheveux. J'ai arrêté ma moto et je me suis précipité. Un garçon était déjà à ses côtés. La pluie redoublait d'intensité, alors il prit son manteau pour en couvrir le môme inconscient. Le gosse était livide et sans vie! Son vélomoteur encombrait encore la chaussée et quelques automobilistes impatients commençaient à klaxonner. Son sac d'école s'était ouvert sous la violence du choc, ses cahiers, ses livres, ses crayons s'éparpillaient sur le sol mouillé. J'essayais de les récupérer, ce n'était pas le plus important, mais je savais qu'il fallait le faire. J'ouvris un cahier par hasard, son nom était écrit en haut et à gauche de la première page. Il s'appelait Martin! Les gouttes avaient glissé sur le papier et l'écriture disparaissait déjà sous une tache de couleur violette. Le garçon avait saisi une main de l'enfant, doucement, son pouce glissa jusqu'à son poignet. Il prenait son pouls.

– Vite! me cria-t-il! arrêtez une auto. N'importe quoi, appelez le Samu, les flics, mais faites quelque chose. Le gosse, vite!

Je me jetai au milieu des voitures, les bras en croix. Je sentais à nouveau mon sang couler dans mes veines. Je reprenais espoir. Mon cœur battait au rythme du temps qui s'écoulait, ou chaque seconde perdue rapprochait l'enfant de l'irrémédiable. Novembre, rue d'Amsterdam, trois heures de l'après-midi, il fait froid. C'est vrai que mes lèvres ont murmuré une prière. Très fort j'ai appelé Dieu, la Vierge et les autres. Cet être innocent qui s'est couché par la brutalité d'un chauffard qui ne s'est même pas arrêté, d'une brute qui pensait plus à la perte de son bonus d'assurance qu'à un être fragile qui luttait entre la vie et la mort. C'est ça la société! Je revivais les longs couloirs de l'indifférence, mes orphelinats. Martin devait vivre!

Je ne rêvais plus, j'avais bien entendu une sirène d'ambulance. Elle était là à trente mètres de moi. Je courais à contresens des voitures, dans sa direction. Devant ma détermination, les autres s'écartaient. Le chauffeur de l'ambulance comprit immédiatement qu'il se passait quelque chose de grave :

– Vite, il y a un gosse qui s'est fait renverser, il n'est pas bien du tout, il faut l'emmener à l'hôpital le plus proche!

J'arrêtais les voitures pour que l'ambulance puisse se rapprocher.

Le reste se passa très vite. Le chauffeur de l'ambulance connaissait parfaitement les gestes à accomplir. Le malade qu'il transportait vers l'hôpital Curie, était un vieil homme fatigué par la maladie. Il tenait ses mains froissées sur ses genoux comme pour cacher sa misère. Il était valide encore et descendit du lit pour laisser la place à l'enfant. J'aidai l'ambulancier à poser la civière sur le trottoir. Le garçon trempé jusqu'aux os, se trouvait accroupi près de l'oiseau blessé. Délicatement, il fut placé sur la civière que nous portâmes à l'intérieur de l'ambulance.

La foule s'était formée peu à peu, avide de sensationnel. Le garçon s'était relevé, ramassant machinalement son attaché-case. Je ne sais pas pourquoi mais je lui proposai de m'accompagner sur ma moto pour suivre le môme à l'hôpital. Il ne pouvait plus parler, c'est d'un hochement de tête qu'il accepta. L'ambulance venait de démarrer et nous la suivions en glissant entre les automobiles.

– Rangez vos genoux vers l'intérieur, c'est dangereux!

A l'hôpital Bretonneau on nous demanda si nous étions de la famille :

– Non, nous l'avons secouru. Je sais seulement qu'il s'appelle Martin!

Et je raconte l'histoire à l'infirmière du service des urgences. Le garçon demanda si l'on pouvait attendre pour avoir des nouvelles du petit.

– Oui, bien sûr, patientez dans le couloir.

Le couloir était plein de gens qui attendaient d'être réconfortés sur un ami, un parent, un collègue. Comme toutes les chaises étaient occupées, je m'assis par terre, contre le mur, le garçon s'assit près de moi. Une heure s'était déjà passée. Je questionnai le garçon :

– Vous pensez qu'il va s'en tirer?

– Je ne sais pas!

A cet instant seulement je pris conscience que cet homme qui m'avait aidé à secourir Martin portait une moustache. Marrant. Il avait environ la trentaine, les cheveux châtains portés mi-longs, les yeux verts comme la lande bretonne. À son tour il me dévisageait.

– Je m'appelle Patrick Rouxel, je suis juriste et je sortais de chez un client quand l'accident est arrivé. C'est sympa de vous être arrêté!

Je lui tendis la main qu'il me serra chaleureusement :

– Jean Luc Lahaye, motard et heureux de faire votre connaissance.

Les gens nous regardent cherchant à comprendre. Bientôt deux policiers en uniforme pénètrent dans la salle.

– C'est vous qui vous êtes occupés du jeune qui a été renversé rue d'Amsterdam?

– Oui!

– Nous avons besoin de votre témoignage pour le procès-verbal, vous pouvez nous suivre.

Après une demi-heure de questions, nous nous retrouvâmes dans la salle d'attente. A plusieurs reprises, Patrick s'était rendu auprès des infirmières pour avoir des nouvelles, mais la réponse était toujours la même :

– Il est en examen, il faut attendre les résultats.

Le père et la mère arrivèrent enfin. Ils étaient décomposés. La maman du petit Martin suivait son mari comme une automate. Le père, la quarantaine, s'avança, cherchant la personne qui pouvait le renseigner. Je lui fis un signe.

– Votre fils est en examen, c'est nous qui l'avons fait porter ici. Vous devriez demander l'interne, il est dans la pièce là, à droite.

– Je vous remercie.

Et le couple disparut.

Nous avons attendu deux heures. A chaque fois que la porte s'ouvrait, mon cœur battait un peu plus vite. La nuit était tombée. Le gamin était toujours dans le coma. L'angoisse et l'inquiétude libérèrent la maman qui nous parla de son fils, « son petit », comme elle disait. Martin était un petit garçon gentil et affectueux qui travaillait bien à l'école. Il avait une sœur plus jeune que lui de deux ans.

Ils s'entendaient bien. Sa sœur n'était pas encore au courant de l'accident. Le père retenait ses larmes.

Ce môme ne nous était pas indifférent, à Patrick et à moi, et au fur et à mesure que sa mère parlait, il faisait un peu plus partie de notre famille. L'interne vint nous rejoindre.

– Il faut attendre demain. Le mieux serait que vous rentriez chez vous maintenant.

C'était coupant comme un rasoir. Nous n'avions pas envie de nous séparer, nous étions solidaires devant le drame de cet enfant.

Patrick nous salua, promettant d'appeler l'hôpital à la première heure. Je décidai de rester encore un peu. Les parents de Martin se laissèrent choir sur une chaise. Il ne restait plus dans cette pièce que les parents de Martin, moi et notre solitude. La lumière blafarde nous maquillait d'une profonde tristesse. Le silence pesant nous rapprochait de nos souvenirs. La mère devait penser à ses premières douleurs quand elle mit Martin au monde. Cette ancienne souffrance lui paraissait bien douce aujourd'hui. Ils l'avait espéré ce fils, lui, le père. C'était le but de sa vie, la suite de lui-même. Et sa sœur...

Je m'apprêtais à partir quand mon regard se posa sur un portefeuille qui traînait par terre, à l'endroit où nous étions assis quelques heures plus tôt! Je le ramassai, curieux. Tout de suite je compris qu'il avait glissé de la poche de Patrick. Tout en prenant congé des parents de Martin, je me promis de rendre, dès le lendemain, le portefeuille à son propriétaire.

Avant d'enfourcher ma moto, il fallait que je téléphone à Gerard. Il avait dû m'attendre tout l'après-midi. Mais j'étais trop crevé pour traverser Paris. Je préférais me coucher. En sortant du taxiphone je tombai sur l'interne et l'infirmière qui étaient de garde l'après-midi.

Nous échangâmes quelques mots sur Martin et je leur proposai de boire un verre. Nous avons dû beaucoup discuter, car le jour commençait à se lever. Les parents de Martin avaient téléphoné, j'appris la nouvelle et bondis sur ma moto en direction de Versailles. Patrick Rouxel habitait route de Rueil au Chesnay.

J'avais des ailes. Je garai ma moto devant l'immeuble et me précipitai au café d'à côté. Après discussion avec le bistroquet, j'arrivai quand même à obtenir un plateau avec deux tasses de café au lait, quatre croissants et à rafler une rose qui me narguait sur l'étagère derrière le bar. C'est ainsi que je frappai chez Mr et Mme Rouxel à six heures du matin. L'effet de surprise passé, Patrick m'ouvrit toute grande la porte.

— Bon c'est pas tout, mais c'est lourd ce truc-là, c'est où la chambre?

Patrick encore ensommeillé me fit signe de le suivre. Momo, son épouse écarquillait des yeux grands comme des soucoupes.

— Salut, je suis Jean-Luc, j' le pose là le plateau?

Patrick avait tiré les rideaux ce qui laissa pénétrer un premier rayon de soleil. Il s'assit sur le lit, j'en fis autant. J'en profitai même pour piquer un croissant. Momo se leva sur un coude et me souffla :

— C'est sympa ça! Faut le faire tous les matins.

— Si j'ai une aussi bonne nouvelle à vous annoncer, j' veux bien. Patrick, Martin est sauvé, il a repris connaissance, il est tiré d'affaire.

Je ne crois pas qu'on ait pu avoir dans notre vie des moments aussi intenses de bonheur. Il fallait qu'on pleure, qu'on rie. Il fallait qu'on se parle, qu'on se rassure, qu'on y croie. Voilà, c'est ainsi qu'est née une grande amitié. Mais pourquoi Patrick porte-t-il le surnom de « Cardinal »? Vous allez comprendre en lisant ce qui va suivre.

LES COPAINS, LES AMIS

J'ai énormément besoin d'être aimé. Je ne supporte pas l'indifférence. Ma famille, je me la suis faite dans les centres de la DDASS et dans la rue. Rien à voir avec le traditionnel. Quant t'as douze ans, le cœur gros comme une montagne de chagrin, un nœud qui t'étouffe au fond de la gorge et un oreiller pour seul confident, tu as tendance à aller trouver ton voisin de lit pour qu'il te parle. Le bavardage, ça donne l'illusion qu'on existe. Les premières claques, les bonnes, c'est quand tu regardes derrière toi et que tu t'aperçois qu'il n'y a personne. Tu es seul, quoi! En transit, de la naissance au Père-Lachaise. C'est à partir de là que la « Parano » s'installe et que tu déchires les pages de ta vie qui t'ont brulé. Tu dois aimer à tout prix et t'en attends la récompense. Prêt à aimer n'importe qui pourvu que tu donnes ton trop plein de tendresse. Tu joues les caïds pour qu'on t'admire, qu'on parle de toi, qu'on t'aime. Quand tu déranges dans n'importe quel milieu, c'est toujours pour les mêmes raisons : « j'existe et j' veux qu'on m'aime ! » Voilà pourquoi j'attache tant de prise à l'amitié.

Il y a les vrais, les faux, les gros, les maigres, les normaux, les anormaux, les grands, les petits, les ceux-là-qui-passent, les ceux-là-qui-restent. La seule chose qu'ils ont en commun c'est de me faire exister. Pas n'importe comment s'il vous plaît. Chacun à sa façon m'apporte « un petit quelque chose » à un moment donné! Un jour de mélancolie je trouverai la tendresse. Un soir de fiesta je serai accompagné de mes rigolos. Quand le travail m'appelle, je fais signe aux professionnels. Les polyvalents existent, je les connais, mais je ne les nommerai pas, ils se reconnaîtront eux-mêmes. Je peux tout donner, sauf un dix pour cent de moi-même. Et ce sont ces dix pour cent-là, cachés au fond de mes rêves qui constituent l'énigme de ma vie.

Une syncope au milieu d'une symphonie.

Cet après-midi du 24 décembre, j'avais promis à l'abbé Pierre de le rencontrer à la communauté des Emmaüs de Chatou. Cette homme que je ne connaissais que de réputation, représentait à mes yeux la générosité, le don de soi. L'abbé Pierre ne vivait que pour les autres.

Aurélie et Margaux m'attendaient dans notre maison de Vendée où elles étaient réfugiées depuis le début des vacances. Le break Peugeot 504 était chargé jusqu'à la gueule, de vaisselle, de nourriture et de cadeaux pour notre premier vrai réveillon en famille.

— Tu t'inquiètes pas Aurélie, j'arriverai vers 20 heures!

J'étais confiant, tout allait bien et en 3 heures et demie, 4 heures au plus, je serai auprès de celle que j'aime.

L'Abbé Pierre m'a reçu avec chaleur et fraternité. Tout en parlant, nous avons traversé les entrepôts ou s'entassaient toutes sortes de meubles, bibelots, plus ou moins hétéroclites. Mon goût prononcé pour la brocante et la gentillesse de mon hôte, m'obligeaient.

— Tiens, ça ferait bien dans l'entrée, ce petit guéridon, je vous l'achète!

C'est ainsi qu'au bout d'une heure, je me retrouvais avec un stock de marchandises, digne de m'installer dans un stand du marché aux Puces. J'avais essayé de tasser un peu à l'intérieur de la voiture, mais il me restait encore une armoire à deux portes en pin des Landes.

— Ne t'inquiètes pas Jean-Luc, nous allons te trouver une galerie pour poser sur le toit de ton auto.

Les membres de la « communauté », n'étaient jamais à court d'arguments.

Musique à fond, le pied calé sur l'accélérateur, roulant à une vitesse de croisière bloquée entre 150 et 160, je venais de passer Tours, quand un bruit étrange me parvint de dessous le capot.

Clic, clac, clic, clac, cllllac!

Browwwwwn?!!!!

Et la voiture essouflée s'arrêta net sur le bord de l'autoroute. Il était 19 heures, et la nuit était noire. Comme je n'avais ni lampe électrique je ne pouvais pas voir le filet d'huile brûlante qui s'échappait du bloc moteur, et se répandait par terre en une grosse flaque luisante.

Je faisais des grands signes aux automobilistes quand une Renault 8 s'arrêta. Son chauffeur, qui avait déjà commencé le réveillon (ça se devinait rien qu'à la couleur de son nez qui dégageait une légère lumière phosphorescente), me proposa de me tirer avec une ficelle jusqu'au premier poste de secours. De bouts de lacets en bouts de chiffons, nous n'avons pas réussi à parcourir un premier mètre. Et quand le brave automobiliste retrouva son pare-chocs sur le goudron, il me fit un signe de la main.

– Salut, je suis désolé, on m'attend!

Moi aussi, on m'attendait et j'avais encore deux cents kilomètres à faire.

C'est un routier sympa, qui portait une dizaine d'autocollants de « Max » collés sur son pare-brise, qui me poussa jusqu'à un téléphone. J'étais fatigué, frigorifié et mon moral commençait à perdre son optimisme.

J'avais insisté auprès du gendarme pour qu'il prévienne également Aurélie de mes petits ennuis.

Le camion de dépannage arriva une heure plus tard.

– Ah, mon p'tit monsieur, je ne peux pas trimbaler votre armoire, il faut la descendre et la laisser là!

– Mais, je vais me la faire piquer!

Le type n'en avait rien strictement rien à foutre. Toute la famille était déjà à table, la dinde l'attendait, c'était déjà bien qu'il se soit déplacé un soir de réveillon.

Il était environ 23 heures quand j'ai fermé à clé les portières de ma Peugeot moribonde. Casée au fond du garage.

J'avais réussi à louer une voiture après maints coups de téléphone et de nombreux billets à l'éffigie d'Eugène Delacroix.

Il ne me restait plus qu'à revenir sur mes pas pour récupérer ma pauvre armoire en pin des Landes. Elle était toujours à la même place. En ce jour de Noël, personne n'avait osé y toucher.

Quand enfin je suis arrivé à destination, la pendule du salon affichait quatre heures Aurélie s'était endormie, la tête posée sur ses bras croisés sur la table de la cuisine.

ÉTÉ 85

Évelyne et Alain nous avaient rejoint en Vendée. Nous étions là depuis deux mois et nous attendions la Rouxel's family : Patrick, Momo et leur fils Jean-Christophe.

J'étais coupé du monde, mais étonné d'entendre souvent « Papa chanteur » sur RTL.

Gérard devait passer ses vacances quelque part dans le Midi.

Momo est arrivée avec sa machine à écrire électronique. Nous étions parfaitement organisés. Petit déjeuner vers dix-heures sur la terrasse. Travail! Quatorze heures, crudités et collations légères. Travail! Dix-sept heures, thé et brioche. Tennis en ville. Travail! Vingt-trois heures, dîner dans la salle à manger. Pour terminer la soirée, je lisais les feuillets de « Cent Familles » écrits et tapés dans la journée. Nous attendions tous ce moment important. C'était comme une récompense.

Mi-août, je dus m'absenter deux jours avec Aurélie, pour assurer un gala à Montpellier, signé trois mois auparavant par Pierre Lumbroso. Évelyne et son mari nous accompagnèrent.

Momo reçut un coup de téléphone qui lui parut bizarre, quelques heures après notre départ :

— Allô, oui c'est bien ici. Qui êtes-vous ? Attendez ne quittez pas !

En s'adressant à Patrick :

— J'ai une femme au téléphone qui prétend être la mère de Jean-Luc. Elle attend qu'on passe la prendre à la gare de Niort pour la ramener ici. Jean-Luc ne nous en a pas parlé. Tu y vas ?

C'est ainsi qu'à notre retour, après avoir fait une escale chez Dave en Dordogne, je retrouvais ma mère et son compagnon Rubin.

C'est vrai que pour mon livre, j'avais besoin d'Yvette. Elle pourrait être d'un grand secours. Et puis j'étais content de la revoir. Au bout d'une semaine, peut-être à cause des angoisses déclenchées par ces avalanches de souvenirs, je me disputai avec elle. Elle ne comprit pas bien ma réaction. C'est Patrick qui les ramena à la gare. Je l'aimais quand elle n'était pas là. Je l'aimais comme une image qu'on pose sur sa table de chevet et qu'on embrasse avant de s'endormir. Elle était là, mais tellement loin.

« Papa chanteur » passait maintenant sur plusieurs radios périphériques et sur les FM. C'était vraiment une surprise. Un après-midi, vers cinq heures nous discutions sous les tilleuls avec Patrick. Il faisait encore très chaud. Nous n'entendions que le claquement sec et régulier de la machine à écrire. Aurélie et Margaux jouaient au fond du jardin. Jean-Christophe et Alain se promenaient dans la campagne. Évelyne préparait le thé.

Avec Patrick, nous inventions un monde meilleur, un monde où tous les gens seraient bons et aimables. Nous échangions nos souvenirs d'enfance. Il nous fallait une histoire en commun, un lien solide. Un pont qui nous permettrait de nous retrouver en dehors des habitudes. Un langage commun qui nous sortirait de notre propre indifférence.

J'avais payé très cher le droit de parler au nom des enfants, Patrick me comprenait. C'est ainsi que nous décidâmes en ce mois d'août 1985 de créer « La Fondation »! Au début, il n'était question que d'une colonie de vacances où les Lahaye-Rouxel seraient réunis pour emmener les mômes « malheureux » à la mer. Le lendemain, nous parlions d'un tout petit centre à Paris dirigé par nos femmes, elles-mêmes. Les jours suivants, nous nous accordions le droit de fantasmer.

Les jours s'écoulèrent fiévreusement à cause du livre qu'il fallait terminer et de « Papa chanteur » qui s'annonçait comme un tube. Gérard se décida à me téléphoner. Ma carrière n'avait connu en cette année 1985 qu'un « blanc » de quelques mois et l'on me réclamait à Paris. Nous étions déjà fin septembre. Le disque se vendait bien. Il deviendra, entre juin et octobre, un tube énorme, le plus important de ma carrière.

D'un coup, je prends le vrai second souffle de ma carrière. Gérard et moi, on s'explique. Je lui expose ma façon de voir le métier. Je décide de m'associer à la production. Nous choisissons d'oublier le passé et d'établir un nouveau contrat. C'est Patrick Rouxel que je choisis comme « médiateur » pour défendre les intérêts. Les rencontres et les échanges de courrier seront nombreux avant de nous mettre d'accord. Nous signerons en octobre, mais Gérard Pédron et Jean Colders garderont quelque temps une certaine rancune à l'égard de Patrick qui a si bien défendu les intérêts.

Tout s'enchaîne rapidement. Alors que j'ai à peine remis mon manuscrit de « Cent Familles » à mon éditeur Michel Lafon, un jeune producteur de spectacle, Thierry Suc, qui s'occupe également de Jean-Jacques Goldman, me propose de faire l'Olympia. Nous avons deux mois pour nous préparer. « Cent Familles » est mis en vente le 5 décembre, et en trois semaines, rejoint le disque « Papa chanteur » en haut des plus grosses ventes. C'est un double succès, le « métier » est perplexe !

Nous passerons les fêtes de fin d'année tous ensemble et réconciliés à Foucherolles chez les Rouxel.

Nous avons l'habitude avec Aurélie depuis notre « premier jour », de ne jamais terminer une soirée, sans aller manger une merguez-frites sur les hauteurs de Montmartre. Nous nous asseyons côte à côte sur les marches du Sacré-Cœur et sans nous parler, nous vivons les premières heures de l'aube. Paris est à nous, Paris nous appartient !

Nous étions en décembre, il était quatre heures du matin. Nous attendions notre tour devant l'échoppe du marchand de saucisses. Une fumée épaisse, chargée d'une odeur de viande grillée, montait vers le ciel étoilé. Je commandais deux sandwiches et payais. Un homme s'avança vers moi, il était pauvre, c'est sûr, et fatigué. Son costume était beaucoup trop grand, son regard simple et anxieux brûlé par la fièvre :

– Je ne mendie pas messieurs-dames. Voyez, dans mon sac, ce qu'il me reste d'une vie de travail.

Son sac de toile usé contenait un service de douze pièces en argent ciselé, enveloppés dans du papier journal. Sa valeur n'était vraisemblablement que sentimentale.

– Vous voyez, je suis prêt à vous échanger mes fourchettes et mes cuillères pour un morceau de pain. J'ai trop faim et trop froid. Je ne fais pas la charité, je vous les donne ! Je suis Algérien, j'ai fait la guerre contre les Allemands et après quarante ans de travail, je suis comme un clochard. Mais je crois que je mourrai ici ! Je suis ce qu'on appelle un nouveau pauvre. La France pour moi, c'était la terre de la réussite. Aujourd'hui, j'ai le goût amer de la défaite. Les gens ne me croisent pas, ils changent de trottoir, je ne suis qu'un « Arabe ». Mon propriétaire m'a jeté dehors en gardant mes quelques souvenirs. Je ne pouvais plus payer ma petite chambre. C'est vrai, j'ai faim. Alors si vous voulez bien!...

J'ai regardé Aurélie, nous étions tendrement émus. J'ai posé mes mains sur les siennes pour l'obliger à refermer son sac. Je lui ai acheté deux bons casse-croûtes et lui ai donné tout l'argent que je possédais. Aurélie a également vidé ses poches. L'homme a refusé.

– Mais pourquoi, monsieur. Ce n'est pas la pitié qui nous inspire. Acceptez s'il vous plaît!

Il a pris ma main, celle d'Aurélie, et d'une voix tremblante, murmura :

– Que Dieu vous bénisse!

Il me remerciait, mais c'est moi qui devrais le remercier. Le remercier d'être venu, de m'avoir parlé. Le remercier de m'avoir pris la main pour me faire ressentir dans ce simple contact, toute la dignité de l'homme, quelles que soient ses origines.

Je ne l'oublierai jamais!

L'ANNÉE BLEUE

Janvier, je suis 1 un au Top 50.

A l'Olympia, le public m'a fait un triomphe.

Le spectacle est terminé, le rideau tombe doucement. Je n'ai qu'une envie, aller faire la fête avec mes amis. Claude Nougaro que je n'ai jamais vu, légèrement imbibé, entre dans ma loge et me lance :

– Jean-Luc, je vais te faire une chanson. C'est extraordinaire, je vais te réécrire " West side Story ! ".

Il me laisse quarante fois son numéro de téléphone. Je trinque et retrinque avec tout le monde. Si bien qu'au matin je finis en trempant mes croissants dans le champagne.

Tonton, fasciné par Patricia Coquatrix lui a raconté Piaf jusqu'à 6 heures du matin. Convaincu de lui faire découvrir le monde du show-biz c'est d'ailleurs la seule fois de ma vie que j'ai vu Tonton si heureux.

Le lendemain, je pousse femme et enfant dans la voiture. Nous partons en Vendée où nous serons rejoints par Gérard et Patrick. C'est là-bas que j'apprendrai la mort de Balavoine. Je suis consterné. Nous nous connaissons peu avec Daniel, mais je l'admirais profondément

# COLUCHE

Notre première rencontre date de juin 1985, lorsqu'il présentait le spectacle de SOS Racisme. Il était mort de trac! Le lendemain je recevais un coup de fil de Ludo, son secrétaire :
— Dis donc, il paraît que t'aimes la bécane toi aussi? Et le stock-car t'intéresse?
Le dimanche suivant, nous débarquions avec Mitsou à Montlhéry, invités par Coluche pour participer à une course. Nous n'avions pas encore échangé une parole malgré notre rencontre place de la Concorde. C'est Ludo qui fit les présentations :
— Michel, je te présente « Papa chanteur »!
Coluche était vêtu d'une salopette rose et blanche, il leva un œil sur moi, compatissant :
— Papa chômeur, Maman partie!
Il ne fut pas très chaleureux. Il remonta dans sa Lada cabossée.
Le départ de la course fut donné par le rituel coup de pistolet. Le « Poète-urbain », fit ses trois tours habituels, victime comme toujours des autres coureurs qui voulaient se payer de « l'artiste ». Malin comme pas deux, il se rapprochait d'un endroit un peu plus calme, descendait du

véhicule et se faisait remplacer par un copain de même corpulence. Avec le casque, le public n'y voyait que du feu.

Le mécano m'avait préparé une R 16. Je me mis sur la ligne dans la deuxième course. C'était la première fois que je participais à ce genre de sport. J'étais crispé des sourcils jusqu'aux doigts des pieds.

La course folle démarra.

Les autres s'étaient passé le mot et c'était à celui qui me pousserait jusqu'aux tonneaux pour abandonner la piste. Le pied enfoncé sur l'accélérateur, je ne lâchais pas. Par instants, à cause de la route mouvementée, je décollais littéralement du siège. Il faisait une chaleur terrible, mais j'avais froid en dedans. A partir du cinquième tour, à chaque passage devant les tribunes, Coluche levait son pouce et criait :

– Putain, le p'tit Lahaye il ne fait pas semblant!

J'étais aspiré par les concurrents dans ce tourbillon bruyant. Je ne comptais plus les tours, attendant seulement le drapeau à damier.

J'ai terminé dans les cinq premiers.

Le soir, j'étais invité chez le président de l'association des « Restos du Cœur ».

Il me tendait la main!

– Moi c'est sur le terrain que je vois un « mec ». Dis-donc, t'es dangereux. On s' revoit un de ces jours? Tu veux faire partie de mon équipe?

J'étais ravi.

J'avais décidé d'offrir aux enfants de la DDASS une matinée spéciale à l'Olympia. Michel Colucci débarqua sur la scène avec ses deux mômes. Il était émouvant ce gros bonhomme plein de tendresse. Et les enfants dans la salle ne s'y trompaient pas. A ses côtés on trouvait Jacques Martin, Philippe Lavil, Karen Cheryl et Hugues Aufray.

Isabelle Catelan, rédactrice en chef de magazines pour jeunes, était intervenue auprès des grands magasins parisiens pour obtenir des jouets. Il y en avait des milliers. Un semi-remorque entier barrait la rue.

Cinq mille gosses étaient déjà dehors à attendre. Ce fut l'émeute quand Mitsou et Michel Colucci commencèrent à distribuer les cadeaux. Michel était tellement heureux de jouer le Père Noël.

Tout cela nous a rapprochés.

Un soir qu'il était en mal de nostalgie, il me lança :
– La famille c'est important, ne la foire pas, ce serait dommage !

Pourtant, le salaud, cela ne l'empêchait pas de faire un petit brin de cour à Aurélie.

Mais en fait, c'était Margaux qu'il préférait.

La ronde des circuits de stock-cars recommença.

Sur une course, alors que j'avais oublié mon casque, Coluche me balança le sien au passage à travers la vitre ouverte.

– Fais pas l' con, mets-ça !

Il me jetait la phrase comme un grand frère, avec un ton affectueux et protecteur.

En janvier 1986, Michel m'appela vers 2 heures du matin :

– Allez, viens à la maison !

La neige recouvrait Paris d'un grand drap blanc. C'est en Austin qu'on débarqua chez lui avec Nicolas Plisson. Sa bande habituelle était là autour des baby-foot :

– Tu joues, Jean-Luc ? Tiens, mets-toi avec moi, on va les écraser les p'tits !

Michel jouait plutôt mal mais il ne supportait pas de perdre. On se marrait bien. Combien de sketches j'ai vu naître, dont celui de la « Pendule » qu'on trouve sur son dernier album.

— Tout le monde y allait de son mot, ça fusait de partout. Le secret de Coluche, c'est qu'il était entouré d'une bande de vanneurs monstrueux, des puits d'idées. Quand ça le prenait il criait : « Stop, les mecs ! » Et il partait dans son bureau pour écrire le gag.

Vers 6 heures du matin après un énorme plat de spaghettis, il me raccompagna à la bagnole. Avant de nous quitter, il me serra la main :

— Tu sais, je l'ai lu ton livre, c'est vachement bien !

Au mois de mai, je suis allé faire une télé à Cannes pour le festival du cinéma. Après dîner, nous avons traîné au « Whisky à Gogo » avec Gérard. Aurélie était restée à Paris avec Margaux. Je m'ennuyais de ma famille. Une main se posa sur son épaule, et son propriétaire qui n'était autre que Coluche, me demanda :

— J'ai loué une maison là, à trente bornes, viens ! Ludo est là.

J'ai abandonné Gérard à son avion et j'ai suivi Michel sur sa propre bécane. Nous avons pris cette même route où il devait se tuer quelques semaines plus tard.

C'est à Paris, que j'ai appris sa mort. J'étais arrêté avec ma moto près d'un chauffeur de taxi, au début de l'avenue Kléber. Fidèle à mon habitude, je ne portais pas de casque. Le chauffeur de taxi baissa sa vitre :

— Ça suffit d'un aujourd'hui, met ton casque pauv' mec !

Je lui ai demandé ce que signifie sa réflexion.

— Oui, Coluche vient de se tuer en moto !

Je lui demandai de répéter, n'osant y croire.

— Ben t'as qu'à écouter la radio !

Et il a démarré.

J'ai laissé mon engin sur place, j'ai attendu que le feu

passe au rouge. J'ai arrêté une Golf. J'ai ouvert la portière sans trop savoir.

– Madame, puis-je écouter les informations ? Il paraît que Coluche s'est tué !

La dame, un peu troublée :

– Oui, c'est vrai !

Je me suis assis à ses côtés, elle a coupé le contact et nous avons écouté les informations.

J'étais stupéfait. Je ressentais comme une fracture du cœur, un vide, une envie de vomir. Ce jour-là s'était éteinte une petite lumière. J'avais perdu en 4 mois, deux êtres qui m'étaient devenus très chers. Les yeux fermés, je recherchais leur image. Quarante-trois souvenirs. La vie encore une fois me tapait sur les doigts.

La Fonda était toujours en travaux à Clichy. C'est Michel qui devait venir inaugurer notre première Ambassade. Nous avons accroché son portrait dans la salle à manger, en même temps qu'un écriteau : « Salle Coluche. » Comme cela, il faisait partie de la famille.

Ludo m'a demandé de prendre la suite pour l'équipe de stock-car :

– On a besoin d'une locomotive et on t'a choisi. Avant les recettes allaient aux « Restos du Cœur », dorénavant elles iront à la Fonda.

C'est ainsi que nous avons ramené une somme de cinq cent mille francs à la « Fonda » et participer à une quinzaine de courses.

Merci Ludi
Merci Michel !

**JE LUI AI DÉDIÉ
CETTE CHANSON**

« J't'aime quand même »

T'as même oublié ton passeport
Tell'ment tu t'es cassé trop vite
Tu sais j'réalise pas encore
Qu' t'étais ici just' en transit
Portrait robot d'un mec normal
Comm' quelques millions d'émigrés
Le cœur français le sang rital
Y'a qu' les cons qu' tu pouvais gêner
Il y aura toujours un pompiste
Une station-service à Pantin
Pour témoigner qu' les vrais artistes
S' recrutent pas dans l' carnet mondain
Dieu, comme tu nous as fais marrer
Tu vois j'en ai encore des larmes
Et la nuit j'entends le vacarme
D'une moto qui ne s'arrête jamais.

Mais j' t'aime quand même
Parce qu'on est de la même graine
Et que nos idées sont les mêmes

J' me dis que tu joues les vacanciers
Qu'on va te voir à la rentrée.

Ton dernier sketch n'a pas fait rire
Il n'y avait personne pour t'applaudir
Tu t'es payé ton premier bide
C'est nul un gag aussi stupide
J' connais des micros qui t'en veulent
Sans toi y s' fendront plus la gueule
Tu t'es tiré à cent à l'heure
En nous faisant un bras d'honneur.
J' suis sûr qu' t'avais filé rencard
A Daniel ton pote et bien d'autres
J' peux pas m'empêcher de t'en vouloir
D'être un peu plus seul par ta faute
Comme t'aime pas rester sans rien faire
Si par hasard t'ouvres un resto
Surtout réserve-moi un couvert
Pour quand j'te rejoindrai là-haut.

Le livre « Cent Familles » a connu immédiatement un succès gigantesque. Des hommes, des femmes, des adolescents se reconnaissaient dans mon histoire pour l'avoir vécue. Des lettres, des appels au secours de gens désespérés, des témoignages affluèrent de partout.

Il fallait répondre à tous les gens, s'organiser.

Avec Patrick, nous prenons conscience qu'il faut casser les murs de l'indifférence. Que derrière ces murs il se cache une misère invraissemblable : l'oubli ! Dans ces mots je retrouve les angoisses de mon enfance; mes attentes durant les trop longs dimanches, seul !

Il est temps pour nous d'engager notre « croisade » pour les enfants, pour les mômes de « nulle part ». Il est grand temps d'allumer cette petite étoile pour tous ces mômes qui n'attendent qu'une chose : « Un peu d'amour! »

Nous voulons apporter à ceux qui en ont besoin, ce qui m'a manqué pour traverser mon adolescence.

Nous voulons que leurs petites mains trouvent autre chose que la fraîcheur du marbre.

Nous voulons offrir à tous les otages de l'amour malheureux, une image de la vie qui soit autre chose qu'une table, une chaise et quatre murs.

Moi, quand j'avais dix ans je rêvais d'une grande maison où les enfants sans parents pourraient y vivre et construire une famille...

Très rapidement nous regroupons des volontaires sur Paris. Samuel a vingt ans, il sera le premier à s'investir corps et âme.

Pour exister juridiquement il nous faut une adresse. Le choix est vite fait. Ce sera Foucherolles, en Eure-et-Loir, chez Patrick et Momo. Nous établissons les statuts de la fondation, et répartissons les tâches à chacun.

Mauricette sera la trésorière; Aurélie la secrétaire et avec Patrick, nous nous partagerons la présidence. Quand il s'agit de définir notre but, la discussion va bon train. Momo propose de faire une pause en buvant un thé aux fruits rouges. Nous sommes d'accord!

– L'association « Cent Familles » a pour but d'aider les enfants mineurs déshérités, en créant à leur intention des centres de vacances, des foyers d'accueil, un comité de parrainage, des bourses d'études, et plus généralement leur offrir tous les services dont ils pourraient avoir besoin. La grande aventure de ma vie commence.

L'attitude de Gérard Pédron est mitigée, il a peur. Peur de me perdre une seconde fois! Il dit qu'on va faire un bide, qu'il faut laisser ça aux professionnels, qu'on va se mettre la DDASS à dos...

Alors j'en parle à la radio, à la télé, aux amis. Et Gérard comprend les raisons essentielles de cette volonté qui nous anime, il entre dans l'histoire à son tour.

Chaque jour, la chaîne d'amitié s'allonge.

François du Plessis vient nous rejoindre. En plus de ses qualités de cœur, il nous apporte l'expérience de l'*Arbousier**. C'est bientôt le tour de Jean-Marie Gallopin, mon ancien éducateur du relais I d'Athis-Mons. La vie nous avait séparés. A la Fondation, nous nous retrouvâmes côte à côte, pour le plus beau rêve possible.

Je trouvais enfin ce que j'avais espéré toute ma vie : une famille!

Des êtres tendres et sensibles, avec qui je regardais dans la même direction. C'était comme une nouvelle histoire. Porté par un courant fraternel, je mettais ma notoriété au service des gosses qui me ressemblent.

La Fondation était née depuis quelques semaines alors que je la portais en moi depuis toujours. Ma vocation n'était plus seulement de chanter, je me devais de rassembler, pour combattre la bêtise des grands et de porter très haut le flambeau des enfants.

J'étais heureux!

Dehors, il brouillasse, un temps tout à fait normal en février à Paris. Les bureaux de Martine et Marion sont recouverts de milliers de lettres destinées à la Fondation.

Gérard est formel :

– Jean-Luc, tu dois rappeler Mme Ségolène Royal à l'Élysée!

---

* *De 1960 à 1975, le Père du Plessis entouré de bénévoles offrait, grâce à des dons, deux mois de vacances gratuites à plus de 150 enfants défavorisés.*

Nous apprendrons plus tard qu'elle est conseillère en affaires sociales à la présidence de la République.

Patrick est assis en face de moi, fébrile et perplexe. Gérard, cette Mme Royal ne t'a pas dit ce qu'elle voulait?

– Si! me répond-il, c'est au sujet de la Fondation!

Lentement, je pose devant moi la feuille de bloc déchirée à la hâte, où Martine a griffonné le numéro de téléphone de l'Élysée. Je respire un grand coup, tout en tirant vers moi l'appareil.

Et si tout cela n'était qu'une blague? Je décroche et compose doucement le numéro sur le clavier. En une seconde, le silence s'est imposé dans les bureaux de la production. Tous les regards sont posés sur moi. Seul, persiste le ronronnement de la photocopieuse.

– La Présidence, j'écoute!

– Bonjour, Mme Royal s'il vous plaît!

La standardiste me demande mon nom et me prie de patienter.

– Allô, Jean-Luc Lahaye? Madame Royal! Le Président aimerait vous rencontrer. Il a lu votre livre ce week-end, il se l'ait fait acheter au drugstore par deux motards. Mardi prochain, à 17 heures précises, cela vous convient-il?

J'ai justement un rendez-vous ce jour là à la même heure mais on ne discute pas les dates et les horaires avec un président de la République, surtout la première fois.

C'est à 16 h 45, ce mardi là, 17 février, que nous nous présentons devant le planton de la rue du faubourg Saint-Honoré, Gérard, Patrick et moi. Nous déclinons notre identité. La réponse du commandant de gendarmerie est nette et coupante :

– Messieurs Jean-Luc Lahaye et Patrick Rouxel sont attendus. Je regrette pour M. Pédron, il n'est pas mentionné sur le registre!

Je ne perds nullement mon sang-froid et tout en reculant d'un pas :
– Alors, ce sera nous trois ou personne !
Le commandant semble très embarrassé. Malgré l'étiquette de la maison où nous nous trouvons, il passe délicatement son index sous son képi et se gratte la tête :
– Bon, attendez, il faut que je téléphone !
Nous attendons, il revient bientôt souriant :
– C'est d'accord, vous pouvez entrer. Donnez-moi vos papiers d'identité s'il vous plaît.
Comble de malchance et je ne l'ai vraiment pas fait exprès, j'ai oublié mes papiers. Qu'à cela ne tienne :
– Mon commandant, je suis désolé, mais j'ai oublié ma carte d'identité. Par contre je peux vous chanter « Papa chanteur ».
Fou rire général dans le bureau. Le chef envoie chercher deux gardes républicains à plumet. Nous voilà dans la cour du Palais de l'Élysée, encadrés par ces deux grands gaillards sabre au clair, poignée au menton et gants blancs.
La cour du Palais est entourée d'un trottoir. Nous avançons en file indienne, guidés par le premier garde au visage figé par sa jugulaire.
Soudain Patrick quitte la file pour se retrouver sur les graviers de la cour d'honneur. Aussitôt les deux soldats s'arrêtent et lui font signe de reprendre le trottoir. Il est interdit d'emprunter la cour d'honneur sans y avoir été invité par le protocole. Patrick ne se sent pas gêné du tout et traverse la cour en travers pour nous retrouver près de l'escalier central. Les gardes ne sont pas contents du tout. Je souris.
– Je suis désolé Jean-Luc, mais j'avais tellement envie de ressentir la sensation d'être un président.

Mme Royal nous attend en haut des escaliers, sur le palier du quatrième étage. Elle a suivi toute la scène par la fenêtre et cela semble l'avoir bien amusée.

Nous sommes quand même très émus tous les trois. Je n'irai pas jusqu'aux mains moites, mais pas loin. Nous nous asseyons autour d'une table ronde où l'on nous offre le thé. Le bureau du Conseiller aux affaires sociales est encombré de nombreux livres et dossiers. A première vue notre hôtesse a l'air d'attendre un bébé. L'information s'avère exacte puisque quelques mois plus tard, nous apprenons la naissance d'une petite Constance.

– Monsieur Jean-Luc Lahaye, nous avons appris par les médias la constitution de votre fondation en faveur de l'enfance déshéritée et nous aimerions en savoir un peu plus sur votre action.

Je m'assois un peu plus confortablement sur ma chaise :

– Permettez-moi tout d'abord de vous présenter Patrick Rouxel qui est juriste et à l'initiative de cette association, et Géard Pédron, mon producteur et ami de longue date qui s'est engagé à nos côtés. Vous le savez peut-être, je suis un enfant de la DDASS. Aujourd'hui j'ai assez de notoriété pour me mettre au service des autres et les autres se sont les mômes. Nous ne sommes pas seuls pour mener le combat; nos femmes, nos amis se sont investis également. Quand le public aura pris conscience de ce qui existe, nous seront des milliers!

Patrick a décroisé ses jambes pour prendre la parole :

– Nous pensons ouvrir une maison « SOS-enfants » qui recevra les mômes en danger. Attribuer des bourses d'études, développer le parrainage, ouvrir des centres de vacances, installer à Paris un bureau d'aide juridique pour les familles. Notre programme est vaste, mais réaliste.

Mme Royal a instinctivement posé sa main sur son ventre rond. Elle nous écoute. De temps en temps, elle note quelques mots, quelques phrases sur son bloc. Son visage fin et beau reflète l'intelligence. Sa voix douce nous demande enfin ce qu'elle peut faire pour notre œuvre.

– Il nous faudrait une bâtisse d'environ mille mètres carrés pour y installer nos bureaux et notre « Ambassade ».

Patrick et Gérard se tournent vers moi et ouvrent de grands yeux ronds. Oui, c'est vrai, j'y suis allé un peu fort, mais il faut toujours demander un peu plus pour avoir ce qu'on désire. Mme Royal nous informe que le président va nous recevoir. Nous quittons son bureau pour traverser un immense couloir recouvert d'un tapis grenat. Puis un huissier ouvre lentement une grande porte.

Le président de la République est assis derrière un bureau.

Les présentations sont faites à nouveau, mais par Ségolène cette fois, qui lui brosse un portrait de la situation. Je découvre la « force tranquille ».

Calmement, François Mitterrand nous félicite de notre engagement. Son regard se pose tour à tour sur chacun de nous. Il se dégage de cet homme une simplicité et une grandeur d'âme. Il est la France à lui tout seul. Il nous tend la main de l'espérance :

– Il faut aller plus loin et je suis là pour vous aider, vous pouvez compter sur moi.

L'entretien n'a duré qu'un quart d'heure, mais je m'en souviendrai toute ma vie.

Une semaine plus tard, Ségolène Royal nous appelait pour nous faire part que la municipalité de Clichy s'était proposée pour nous recevoir, et qu'elle mettait un local à notre disposition. C'était fantastique. Tout allait très vite. C'est à moto que nous nous rendîmes à Clichy avec Patrick. Le maire, Gilles Catoire, nous reçut en toute amitié. Dans son bureau, il nous avoua qu'il avait été très ému et touché par mon livre. Que lui-même, enseignant avait déposé une thèse sur l'enfance inadaptée. Il nous parla longuement des opérations menées par la ville en faveur des enfants.

Le local proposé était en fait une école désaffectée, fermée et squattée depuis une trentaine d'années. Notre première impression ne fut pas très bonne. Le seul espoir était cette cour pavée, qui laissait entrevoir un passé riche et chargé de mystère.

Cet endroit, que nous devions faire revivre à travers les cris des enfants, avait été au début du siècle un relais de poste. Les écuries, encore debout, regorgeaient de vieilles tables d'école à l'odeur de pin et d'encre séchés. Nous allions avoir beaucoup de travail pour faire ressembler cette bâtisse grise à un nid pour nos enfants. Mais la réalité ne se forge-t-elle pas dans la difficulté ? Nous avions tous appris, d'une façon ou d'une autre, que la vie n'est pas facile. Que pour récolter, il faut semer.

Le maire nous remit donc les clés, solennellement.

Mon tout dernier disque venait d'être mis sur le marché : « Lettre à la vieille » ! La musique, le texte profond, tranchaient complètement avec mes précédentes chansons. Le clip qui l'accompagnait avait été filmé dans une prison du Nord et la dimension qu'il offrait ne faisait qu'accentuer la différence. Cette chanson, qui pourtant était un peu ma vie, déçut mon public.

De « Papa chanteur », optimiste, je tombais dans le réalisme pathétique ! Comme l'ont compris les artistes, à leur dépens les chansons les plus créatives sont celles qui marchent le moins. Il suffit pour le voir de se pencher sur la carrière des chanteurs des « Engagés » !

Quoi qu'il en soit, cette chanson, qui paraît être d'une parfaite honnêteté, a reçu ses lettres de noblesse en tournée ; ce qui tendrait à prouver que le public a besoin de réalisme mais seulement de temps en temps !

Nous étions en mars.

Ce samedi-là, le père François du Plessis avait souhaité m'accompagner à Nancy où l'on m'attendait pour différentes opérations de promotion. Reportage photos, télévision, radio... Il me parlait du volumineux courrier que nous recevions à la Fondation, des réponses à apporter, de l'importance de mon engagement, quand une vieille dame portant un chapeau se pencha vers lui :

– N'êtes-vous pas le père du Plessis, il me semble vous reconnaître ! Vous savez, j'ai connu votre sœur dans ma jeunesse. Nous avons été scouts ensemble...

Et la dame n'en finissait pas de parler. Et le Père n'en finissait pas de lui répondre !

Il m'a semblé opportun d'intervenir et rapidement :

– Père, c'est l'heure de la prière ! Vous savez Père, comme nous faisions à l'Arbousier !

Entre la vieille dame qui lui rappelait son enfance, moi qui lui parlais de l'Arbousier et le train qui filait à 180 km h vers Nancy à 10 heures du matin, François se crut obligé d'accéder à ma demande.

– Tu veux la prière Jean-Luc ?
– Oui Père !

Bientôt tout le wagon était à genoux et le père François du Plessis récitait d'une voix calme « Notre Père qui êtes aux cieux, que ton nom soit sanctifié, que ton règne vienne... ! »

Le seigneur est partout.

A Nancy, le photographe chargé du reportage me fit comprendre que ma veste n'était pas dans le ton! Toujours suivi du père du Plessis, après avoir sillonné la rue principale, j'entrai dans un magasin. J'avais décidé d'acheter un blouson plus conforme aux souhaits du photographe. J'en essayai plusieurs. Un attroupement commençait à se former à l'intérieur de la boutique, les gens m'avaient reconnu. Je passai à la caisse pour régler et en profitai pour demander au père de sortir par devant et de me rejoindre derrière où j'arriverai après m'être dégagé de cette foule un peu trop envahissante. Je traversai la réserve accompagné d'un vendeur et ouvris la porte de secours. Le Père m'attendait accompagné d'environ trois cents personnes :

– Ah! te voilà Jean-Luc, nous te cherchions partout.

J'ai passé une heure et demie à signer des autographes.

La coordination était assurée par mon bon père du Plessis. Il me disait entre deux dédicaces comme pour s'excuser :

– Tu sais, je ne sais pas refuser, allez, encore une dernière. Je devais terminer ma journée nancéenne par une radio FM.

Nous entrons dans le studio et nous nous installons autour d'une table non munie de micros. Le père déballe ses papiers, je donne mon interview. Au bout de dix minutes :

– Père, nous faisons de la radio!

En fait, François n'a pas fait attention. Il a continué à lire et commenter son courrier. Comme le micro était branché et que personne n'a fait attention, les auditeurs se sont retrouvés en stéréo, mais pas avec le même discours dans chaque haut-parleur.

Cette fois, c'est moi qui l'ai béni!

Samuel a décidé de s'installer à Clichy, au 25 de la rue Villeneuve. Il est courageux. Vivre dans un endroit pareil ! Mais pour réussir, il faut croire à son idée, et l'idée de Sam, comme on l'appelle, c'est la « Fonda ». Il a vingt ans, un bac D et deux années de droit. Il avait choisi une carrière juridique, tout allait bien pour lui et il a rencontré Patrick, par hasard, chez des amis. Discussion, échange et coup de foudre.

Aujourd'hui, il prend en main la destinée de la Fondation, il est seul, il est le premier à s'investir entièrement pour les mômes. Son engagement est total. En quelques semaines, en accord avec Patrick, il va aménager trois bureaux. Un pour les deux secrétaires qu'il a embauchées avec un contrat de TUC, un pour la direction, un bureau pour lui-même, au milieu, « au centre des intérêts », comme il dit.

Il obtient gratuitement deux machines à écrire, une photocopieuse, cinq bureaux avec fauteuils et toutes les fournitures nécessaires pour démarrer une « entreprise » !

De bonne taille, légèrement enrobé, jovial, rapidement il a réussi à s'imposer et à imposer un rythme à la Fondation. Il supporte toutes les engueulades, mais comme tout être intelligent, il sait en tirer profit.

Il sait qu'il peut y aller : Patrick est derrière lui.

La « machine » est en route. Un secrétariat, un coordinateur, une direction, des gens de « bonne volonté » ! Il manque l'argent. Qu'à cela ne tienne, on se débrouillera.

Arrivent Guillaume et Cécile, amoureux et étudiants en économie. Leurs professeurs leur ont demandé de faire un stage professionnel. Ils ont choisi la « Fonda » et pendant quatre mois ils vont se défoncer pour trouver le matériel qui manque pour effectuer les travaux de l'ambassade!

Il est toujours difficile de nommer les gens par crainte d'en oublier, mais je me souviens d'un certain Jean Bellamy, entrepreneur général de bâtiment et ami de Patrick, de Lydia Ledent, une charmante jeune femme de Vernon qui à cette époque, s'était magistralement investie, sans attendre de retour.

Le plus grand chambardement est intervenu lors du grand nettoyage de printemps. Il faut dire, pour la petite histoire, que pendant plusieurs semaines, la maison a continué d'être squattée par des clochards et des toxicomanes. Nous ne jetons nullement la pierre à l'un ou à l'autre, mettant toujours en avant la tolérance. Malheureusement pour eux, notre choix sans appel s'est fait pour les enfants.

Chaque soir, Samuel installait une chaîne et un cadenas à la porte d'entrée de la maison et chaque matin il retrouvait ses pensionnaires. Les uns avec des bouteilles vides, les autres avec des yeux vides. Et puis, petit à petit, notre détermination l'a emporté : ils ne sont plus du tout revenus.

Le grand nettoyage consistait non pas au rituel « balai et serpillière », mais au déménagement plus encombrant de moteurs, des vieilles carcasses de voitures, des matelas douteux et autres détritus nauséabonds.

En général, pour ce genre de travail, on trouve peu de monde, cette fois encore la morale l'a emporté. Momo et ses frangines, Aurélie, François, Samuel, Patrick et votre serviteur, furent tous nommés ferrailleurs professionnels.

Leur première entrevue a été beaucoup plus délicate et je laisse à Patrick le soin de s'en expliquer.

C'est Samuel qui avait convenu du rendez-vous pour cet après-midi à quinze heures. Le bureau de JM Divisia se situait face à la Mairie de Paris.

En arrivant, l'huissier nous a demandé de nous asseoir et d'attendre. La porte capitonnée subissait les assauts des différentes personnes qui entraient mais ne ressortaient pas.

Enfin, ce fut notre tour. Et là, quelle ne fut pas notre surprise de nous trouver confrontés à un tribunal d'une dizaine de membres : psychiatres, psychologues, directeurs de centres, directrices de DDASS. La table était ovale, d'un côté les interrogateurs, de l'autre la « Fonda », c'est-à-dire Samuel et moi.

Après avoir répondu sur notre programme « vague », j'entamai le dialogue sur le parrainage, et je fus surpris d'avoir en face de moi des gens qui parlaient d'autre chose que du comportement « déplacé » de l'enfant déshérité.

On me proposa même un test dans deux centres (Yonne et Seine-Maritime).

Le problème le plus délicat était celui des « ados ».

– Les gosses ont déjà cinq ans de retard, me lance un psychologue, vous voulez en faire quoi ? Des bacheliers de 25 ans ?

– Ce qui veut dire que tous les mômes sans parents sont des cons ? m'écriai-je avec colère.

Heureusement que Jean-Marc Divisia est intervenu avec sagesse, sans quoi la réunion finissait en pugilat.

La première remise de chèque sur notre compte BNP de la Celle-Saint-Cloud, a eu lieu le 3 avril 1986 pour un montant de 56 259,85 francs, dont un chèque postal de cinquante francs envoyé par une grand-mère de quatre-vingt cinq ans, habitant la Nièvre.

Un signe : c'est dans ce département que j'avais atterri quelque temps après ma naissance.

Le 12 mai, neuf heures et demie, le conseil municipal de la ville de Clichy se réunissait à la mairie, au grand complet pour statuer sur notre cas. La grande question était de savoir si la ville nous laissait nous installer rue Villeneuve. C'est vrai que le maire avait un peu anticipé en nous remettant les clés, avec deux mois d'avance, sans avoir consulté les élus.

Encore une fois, nous avons délégué Patrick et Samuel pour représenter la Fondation.

Une cinquantaine de personnes siégeaient autour de ces immenses tables installées en cercle. Sur une estrade, présidaient le maire Gille Catoire, le préfet et plusieurs membres du conseil municipal, responsables aux affaires locales de la ville. Un huissier, à l'intérieur du cercle, baladait un « micro » qu'il posait, devant la personne interrogée.

Le maire prend la parole, lit l'ordre du jour, présente Patrick Rouxel et Samuel Caudroy.

– Monsieur Rouxel, pouvez-vous nous faire connaître vos intentions et pourquoi vous avez choisi la ville de Clichy pour vous installer?

L'huissier consciencieux dépose le micro devant Patrick qui prend la parole.

Il explique rapidement l'historique de l'association, raconte l'entrevue avec le président François Mitterrand et la proposition de Ségolène Royal.

– Nous n'avons pas choisi Clichy, c'est vous qui nous avez tendu la main!

Et dans son envolée oratoire, comme il le fera si bien de nombreuses fois encore, il développe notre « éthique » et la façon de la concrétiser.

– Donnons la parole aux enfants !

Chaque enfant doit pouvoir choisir sa ligne de vie, son avenir, son bonheur, sa famille. Il ne doit plus être à la merci d'une administration souvent trop rigide. Nous devons tous prendre conscience et venir en aide aux enfants qui ont besoin d'un appui moral et matériel. Notre « ambassade » de Clichy sera le refuge, l'espoir de ces mômes qui attendent. Cette maison, bâtie pour eux, sera tout d'abord un lieu de réconfort et d'équilibre, d'amour et de tendresse. Pour ces trente gosses, orphelins, réfugiés, issus d'un milieu démuni où la famille, pour diverses raisons, ne peut assurer leur éducation ni leur avenir, nous offrons « une vraie vie de famille ».

PRIORITÉ AU DIALOGUE

Le cœur, ce sont les hommes, les femmes qui prennent la main de ces enfants pour les aider à affronter la vie. Éducateurs spécialisés ou stagiaires, cuisiniers ou agents de service, tous auront la même passion : « Les mômes ! » Les études seront suivies avec le même intérêt par le papa ou la maman, et quand les devoirs seront finis, place aux jeux, aux sports, à la musique !

« N'oublions pas que ces enfants seront la société de demain ! »

Le silence règne dans l'assemblée. Patrick est plus détendu. Il pense avoir gagné, convaincu les gens présents. Le capitaine des pompiers prendra la parole pour lui dire qu'il soutiendra notre démarche. Le président de l'association de « L'arbre Vert », annonce qu'en accord avec son équipe, il viendra dès demain se mettre à notre disposition. Une femme brune dans les « quarantièmes rugissants », prend la parole à son tour. Elle est responsable au département social et représentante du parti communiste :

– Monsieur Rouxel, votre discours était parfait et je vous félicite de vos intentions très louables. En revanche je déplore que M. le Maire ait pris seul l'initiative de vous attribuer un local destiné à disparaître. Vous ne pourrez jamais remettre en état cet immeuble en péril; de plus, il est situé dans une zone qui doit faire place à un ZAC!

Samuel glisse à Patrick discrètement :

– Laisse tomber!

Patrick prie M. le Maire de lui redonner la parole. Personne, du monde politique, n'est encore intervenu, hormis cette femme brune. Il faut avant tout éviter la polémique. Nous sommes dans une municipalité socialiste, mais l'électorat communiste tient tout de même une place importante :

– Qu'on donne un carton « rose » à madame!

L'agressivité coincée faisait place à l'humour. Les membres présents ont applaudi, plus enclins à la tolérance qu'à l'affrontement.

C'est ainsi que nous sommes devenus officiellement locataires à titre gratuit de notre première Ambassade.

Ce même jour, nous rencontrions le président de la Fondation de France, M. André de Montalembert, pour nous faire officialiser et mettre en place l'organisation nécessaire pour délivrer aux donateurs les attestations destinées aux services des impôts.

J'avais rencontré Gérard Martin en Vendée. Nous sommes rapidement devenus amis.

Gérard était réalisateur, et il me proposa de tourner un clip pour la Fondation. Cela nous permettrait de faire connaître notre maison de Clichy au public et d'inciter d'une autre manière nos donateurs à la générosité.

Nous avions besoin d'argent pour retaper les bâtiments et ce film en faisait la preuve.

Une vingtaine d'enfants du quartier avaient été réunis

dans la cour pour la circonstance. Le tournage eut lieu toute la journée, malgré la pluie, et se termina tard dans la soirée. Mais nous étions heureux de transmettre notre message par le circuit de la télévision. Quelques mois plus tard il fut diffusé sur Canal +.

C'est peut-être à cause de ce clip que les médias s'intéressent un peu plus à nous. Michel Polac m'invita dans son émission « Droit de réponse ». Le catalyseur avait tout d'abord été mon livre « Cent Familles », dans lequel je n'avais pas été tendre avec l'administration. Sur le tableau intervinrent plusieurs personnalités du monde social, dont Jean-Pierre Rosenczweig, président de l'Institut de l'Enfance et de la Famille. En clair, on me reprochait, les mots cinglants que j'avais lancés contre la DDASS.

J'ajoutais quand même que je considérais l'administration comme une locomotive bien huilée, qui suivait des rails tracés depuis des dizaines d'années. Je ne mettais nullement en cause ses compétences, elle devait exister, j'en avais moi-même profité. Mais il était temps qu'elle se regarde dans une glace. Notre Fondation n'avait pas l'intention de se substituer à elle, non; seulement de faire quelque chose de moins technocratique, où le vrai dialogue aurait sa place.

Voici un article qui parut quelques jours plus tard dans un magazine de l'action sociale. Il était signé José Attal, psychanalyste, praticien PFS :

Si la visée symbolique de toute cette affaire est ratée, la conséquence en sera que le sujet traînera une plainte éternelle. Ce que la psychanalyse nous permet de préciser sur un point, c'est que ce qui est ravageur, proprement ravageur pour un enfant, ce n'est pas que l'amour de sa mère lui manque, comme on nous le répète trop. Quoi qu'il en soit, tant que l'on panse le manque, pour un enfant, sous les espèces d'un manque réel non symbolisable, il s'avère dès lors impossible d'expliquer le caractère éminemment nostalgique du désir; ou alors d'avoir recours à un mythe de réminiscence. Les grands héros bibliques, mythologiques sont des enfants abandonnés. Mais, hors bible et mythologie, l'actualité encore récente me permet de vous fournir un exemple de ce que je dis, un bel exemple de mythe et de réminiscence. En la personne du chanteur de variétés célèbre, qui, ayant été lui-même élevé dans une famille d'accueil, se donne comme ça pour mission, avec l'appui oh! combien des mass media, de créer un réseau de familles bénévoles. L'appel au bénévolat, notons-le, n'est rien d'autre que l'appel à l'amour du prochain. Ce qui est notable dans ce cas-là, et du propre aveu de ce chanteur, c'est la coïncidence entre la mise en place de ce projet et sa paternité récente. On voit à quel point les choses sont loin d'être symbolisées pour lui. Par rapport à tout ça, le seul souhait que l'on pourrait formuler c'est que ceux que l'on nomme de ce terme exquis de professionnels, il convient qu'il sache un tout petit peu de la chanson!

Je ne sais pas si vous avez tout compris, mais moi, j'ai surtout accroché sur la première partie du paragraphe. Il m'a fallu faire du mot à mot. C'est peut-être pour cela que notre projet pédagogique de la Fondation a toujours exclu un travail en commun avec tous les gens dont la carte de visite professionnelle commençait par « psy ».

Le mois de mai s'est terminé en beauté le jour de la fête des mères. Pour l'enfant que j'ai été, ces mots ne voulaient pas dire grand-chose. Aujourd'hui, ils avaient une toute autre signification grâce à Aurélie et Margaux.

Avec Patrick (encore lui, mais il est partout ce mec!) nous avons été conviés par le président François Mitterrand à la réception organisée à l'Elysée en faveur des mères de familles nombreuses. Le président a décoré les mamans avant de nous inviter à rejoindre le buffet où étaient dressés de magnifiques bouquets de fleurs.

Mme Danièle Mitterrand est venue à notre rencontre pour nous entretenir de la Fondation, qu'elle parut connaître en détail.

Nous avons salué le président, et à la question :

– Chantez-vous « Papa chanteur » dans votre salle de bains?

Patrick s'est entendu répondre :

– Mais que croyez-vous, je la connais cette chanson! Je peux même vous citer le premier couplet.

Cette fois-là, avec Patrick notre délire a été un peu plus prononcé. Nous avions droit à l'escalier d'honneur de la cour centrale. Celui qu'on aperçoit systématiquement au journal télévisé, quand les hommes politiques du monde entier viennent se serrer la main.

– Tu sais, quand je serai président, tu seras mon Premier ministre. Un cardinal c'est déjà un Premier ministre, n'est-ce pas? Donc, quand nous aurons pris possession de lieux, le palais sera transformé en ambassade pour les mômes. Le parc deviendra un terrain de foot et la grande pièce principale aux multiples tentures, une salle de jeux avec les baby-foot, et plein de motos officielles dans le garage.

– Monsieur le président Lahaye, je propose que nous formions au sein de notre cabinet, un ministère pour les enfants. Je pose d'ailleurs ma candidature pour cumuler les fonctions. Les gosses ont le droit de participer à la gestion de leur avenir. Désirez-vous, monsieur le Président, que je convoque le gouvernement pour 17 heures?

– Oui mon ami, faites!

Voilà une partie des propos que nous échangions en traversant la cour d'honneur du Palais. Puis nous sommes partis à moto, vers de nouvelles aventures.

Les nombreux appels lancés par Mitsou sur NRJ, commencent à nous être profitables. La société Tollens nous offre de la peinture. Les camions Transam mettent à notre disposition un camion pour l'enlèvement des matériaux offerts.

Régis et René Cosnier de la Société Art Ameublement, nous proposent des lits, des armoires et de la literie.

Entre-temps, Patrick rencontre M. Baretto, conseiller général des Hauts-de-Seine, en vue de notre demande d'agrément. Cette rencontre permettra d'obtenir un rendez-vous auprès du directeur de l'Action sanitaire et sociale, M. Julien Bouniol. Le projet est en bonne voie.

L'assemblée générale de la Fondation a nommé M. Alain Porte, en qualité de Commissaire aux comptes. Il est chargé plus particulièrement du suivi de la comptabilité établie par le cabinet d'expertise comptable SOCOMA.

Etienne Jablonsky, un jeune architecte, veut mettre ses connaissances à notre disposition, pour suivre les travaux de remise en état de l'immeuble. La Fondation se structure un peu plus en embauchant une nouvelle secrétaire aux côtés de Samuel : Sylvana. La municipalité de Clichy qui fête la Saint-Jean d'été en regroupant les associations, nous offre un stand pour nous faire connaître auprès de la communauté clichoise.

Aidés par la maison Phonogram et les éditions Michel Lafon, nous vendons au public des livres, des disques, des photos et des autocollants.

Il fait très chaud durant les deux jours. Aurélie, pourtant enceinte de cinq mois, restera près de moi. Un copain, Jean-Pierre Porte promènera les enfants dans sa voiture de collection (une Renault 1927) à travers la ville.

Cette première manifestation nous a permis de récolter quelques fonds et nous adresser directement aux gens pour leur développer notre action. Elle a été bien reçue et nous accueillons de nombreux bénévoles.

La campagne de promotion lancée par Europe N° 1 en faveur de la Fondation vient de commencer. Pendant quinze jours, des messages de huit secondes vont être lancés sur l'antenne : « La Fondation existe, donnez-nous la main! »

Dès les premiers spots publicitaires nos quatre lignes de téléphone sont bloquées.

Je veux remercier ici Jean Serge et Yves Abraham, qui ont su convaincre leur conseil d'administration et lui faire voter un budget de 500 000 francs. Cet investissement était bien plus profitable que de recevoir un « simple chèque ».

Agora nous offre toute la peinture et le papier peint dont nous avons besoin. Placoplâtre nous fera livrer un semi-remorque contenant quatre cents mètres carrés de matière première. Rubson assure l'étanchéité. La cuisine sera entièrement aménagée par la société Remag. M. Lorgerie, quincailler à Bobigny nous permettra de puiser dans son stock toutes les fournitures dont nous avons besoin.

Les sanitaires viendront de chez Porcher. Une société limousine nous fournira le carrelage.

Beaucoup de « sponsors » qui avaient répondu spontanément à notre appel et sans aucune demande en retour, avaient vécu mon histoire. Ils avaient réussi, et pour eux, il était important de renvoyer l'ascenseur.

Michel Polnareff a bien souvent meublé ma solitude quand j'étais môme et si je suis devenu chanteur, c'est un peu grâce à lui. Alors imaginez ma joie, quand en janvier 1986, je reçus ce télégramme expédié de Los Angeles :

Salut, à Roissy je ne savais quel livre acheter pour occuper mon voyage de huit heures qui sépare la France de l'Amérique. C'est donc au hasard que j'ai choisi « Cent Familles ». Un chanteur qui était sûrement intéressant. J'étais loin du compte, j'ai découvert un ami que je ne connaissais pas. A mon retour, je t'appelle.
Je t'embrasse.
Michel Polnareff

Effectivement, six mois plus tard, Michel, de retour à Paris, me téléphonait.
Nous avions décidé de nous retrouver dans un « relais-château », situé dans la banlieue est, à environ 35 kilomètres de Paris. J'avais choisi la 1300 Kawa pour faire la route. Aurélie m'accompagnait. Au fur et à mesure que je m'approchais de mon idole, je sentais le trac s'installer au fond de moi. Je ralentissais le plus possible, pour savourer cet instant magique. Je me revoyais petit, accroché à mon transistor, écoutant Michel, toujours aux premières places du hit-parade.
Il représentait pour moi le symbole de la réussite et de la liberté. Il justifiait ma révolte intérieure et mes ambitions. Mais là, qu'allais-je lui dire : « Bonsoir, c'est moi,

Jean-Luc Lahaye!» Non, c'était trop con. Je stoppai ma moto et marchai sur le bord de la route pour réfléchir.
Puis je retrouvai Michel Polnareff dans un château qui aurait pu être celui de Laze...

J'aperçus ses cheveux blonds. Il était assis sur les marches du château. Il vint vers moi :
– J'ai envie de t'embrasser! me dit-il.
La glace était rompue.
Nous avons beaucoup parlé, il est vrai que nous avions tout à construire. Une amitié parfois ça vous déchire la peau. Au retour, Aurélie qui nous avait écouté toute la soirée me confia que nous avions l'air de deux mômes. C'était sûrement vrai puisqu'on se connaissait depuis toujours!...

Les camions arrivaient maintenant de la France entière pour déverser dans la cour leur stock de matériel. Les secrétaires étaient submergées de courrier de bénévoles qui voulaient occuper leurs vacances à la Fondation. La sonnerie du téléphone retentissait sans arrêt.
– Allô, la Fondation? Je suis plombier, j'habite Montauban, je peux vous donner une semaine de mes vacances...
C'est dans ce tohu-bohu que Roger Mille est arrivé. Il avait laissé Lise, sa femme, dans la maison pour adolescents difficiles, qu'ils dirigeaient depuis plus de dix ans dans le Sud de la France. Roger avait répondu présent à notre appel.

Nous nous étions donné jusqu'à septembre pour terminer les travaux. Les enfants devaient arriver pour la rentrée des classes.

En attendant, il fallait organiser le travail. Chaque matin, debout sur une chaise, Patrick et moi nous distribuions les responsabilités.

– Il nous faut une équipe de cinq volontaires pour lessiver les murs du deuxième étage!

– J'ai besoin de trois bénévoles pour nettoyer le rez-de-chaussée avant d'attaquer les peintures!

Les week-ends de juin, nous n'étions pas moins d'une cinquantaine à travailler.

Mais très vite, il a fallu nous rendre à l'évidence : nous avions besoin de vrais professionnels, des compagnons qui, en échange d'un salaire, s'engageraient à temps complet sur le chantier. Il n'était pas question de rafistoler. C'était trop sérieux.

Nous avons momentanément effectué un repli stratégique. Et début juillet nous avions une nouvelle équipe en place sous la direction de Roger Mille, Samuel et Patrick.

A cette époque, nous étions débordés par les responsabilités qui fusaient de toutes parts. Les médias envahissants qui mélangeaient le chanteur et l'inspirateur de la Fondation; les bénévoles qui ne comprenaient plus qu'on puisse refuser leur aide; les sponsors qui nous proposaient des opérations de «charity-promotion»; les familles entières qui venaient nous confier leurs problèmes et leurs vêtements usagés; le projet pédagogique que nous devions déposer avant septembre; les fonds à trouver pour payer les salaires et les charges; le courrier à traiter qui était passé allègrement de cent à mille lettres par jour; et les engueulades entre nous à cause de la fatigue et du temps qui passait trop vite.

Suite aux différents appels des médias en notre faveur, les prisons de Bois-d'Arcy et de Fleury-Mérogis nous avaient confié quelques-uns de leurs jeunes pensionnaires. Il va sans dire que ces détenus allaient vivre sous notre entière responsabilité.

Max arriva à Clichy le premier. Le crâne rasé, la vingtaine bien vécue, il portait fièrement sa boîte à outils de carreleur dans sa main droite. D'origine italienne, le regard fier, il n'ouvrit la bouche que pour demander le travail qu'il aurait à effectuer. C'est Joseph Tomé, le chef d'équipe, qui lui fit visiter le chantier.

La seconde recrue fut le grand Jacques. Un escogriffe bien sympa qui était obligé de retourner dormir dans sa cellule tous les soirs. Sa spécialité à lui, c'était le braquage, pour le reste il ne savait rien faire. Disons que le travail n'était pas son métier. Mais il s'était porté volontaire pour les mômes et il était prêt à se salir les mains.

L'arrivée de Pascale la Belge, fut un grand soulagement pour tout le monde. Enfin une nana. Et une artiste en plus! Elle allait pouvoir nous donner cette petite note de féminité qui manquait à notre organisation.

Et pendant ce temps-là, Momo, alias Maumau, alias Mauricette, alignait les chiffres, additionnait, soustrayait, divisait, soustrayait, soutrayait; et engueulait tout le monde pour qu'on fasse des économies, que le petit capital à investir ne soit pas dilapidé. Ceux qui en ont le plus souffert ce sont les fournisseurs. Momo leur tirait les prix au maximum et demandait (sans vraiment demander d'ailleurs), un paiement à (très) longue échéance.

Le gaspillage était banni de notre vocabulaire. Au début, avec les bénévoles, nous allions casser une croûte chez Hamar, le café qui fait l'angle du 25, rue Villeneuve avec la Fonda. C'était sympa mais ça coûtait cher. Alors Momo a décidé de créer une cantine. A l'extérieur sur des planches et tréteaux quand il faisait soleil, à l'intérieur de la maison quand il pleuvait.

Une ou deux fois par semaine, nous allions faire les courses au supermarché avec le camion prêté par Transam. J'en profite pour vous raconter l'épisode le plus drôle de cet été 86.

Nous avions pour principe de respecter l'anonymat et la personnalité de tous. Les portes étaient ouvertes, chacun apportait sa pierre à l'édifice à sa manière. Le grand Jacques était traité comme les autres. Mais comme il n'avait pas de formation précise, nous l'avions installé sur un échafaudage pour qu'il passe un coup de peinture sur le mur d'enceinte. Il était aidé par une blondinette en salopette blanche, aussi adroite que lui à manier le rouleau. La peinture à l'huile rapprocha nos deux acrobates, et il aurait fallu être aveugle pour ne pas voir que le grand Jacques en pinçait pour sa partenaire.

Celle-ci, un jour, se proposa d'aller faire les courses avec la cuisinière. A la caisse du supermarché, on lui demanda, comme c'est l'usage, une pièce d'identité. La cuisinière obtempéra mais, malheureusement, son nom ne correspondait pas à celui du chèque, qui avait été établi par avance par Roger Mille. La caissière appela le directeur :

– Désolé, fit-il, je ne peux accepter.

Une vaine conversation s'engagea tandis que la queue des caddies s'allongeait.

Alors, notre blondinette, qui était jusque-là restée à l'écart, prit à part le directeur et lui mit sa carte sous le nez.

Le type resta bouche bée un instant, puis :

– Je m'excuse, je ne savais pas...

Informée de la chose, Patrick interpella la « petite mignonne » perchée de nouveau sur son échafaudage, frôlant dangereusement le vide mais plus encore le grand Jacques.

— Je peux vous parler une minute.

La petite descendit et rejoignit Patrick dans le bureau.

— Je tiens à vous remercier pour les courses, Maguy m'a mis au courant. C'était qui au juste votre jocker, je pense pas que vous lui avez montré votre carte orange!

Patrick suspect s'était remis à vouvoyer la petite blondinette, on ne sait jamais. Elle était peut-être une cousine du prince Rainier de Monaco.

— Excuse-moi Patrick!

C'est ça, elle le tutoyait comme un vulgaire sujet de sa majesté. Merde! se dit Patrick, il ne manquait plus que ça! Bientôt *Jours de France* va débarquer dans nos salons.

— Patrick, j'aimerais que ce que je vais vous dire reste entre nous. J'ai décidé de passer mes vacances à travailler pour les mômes. Je suis venu incognito et je tiens à le rester. Je ne connais personne et personne ne me connaît, c'est beaucoup mieux ainsi. Voilà ma carte!

Elle jeta sur le bureau une carte plastifiée où l'on pouvait lire : Inspecteur de Police, Brigade anti-gang!

C'était donc ça! Il contint mal son fou rire.

Je ne pouvais m'empêcher de les revoir tous les deux sur leur échafaudage et ailleurs, lui le taulard, racontant n'importe quelle histoire pour justifier ses nuits passées à Fresnes et elle, oubliant le temps de ses vacances qu'elle était flic!

Le grand Jacques avait besoin de beaucoup d'affection et il était du genre volage. Il se rapprocha de Pascale, la petite Belge qui nous a fait de si merveilleuses fresques sur les murs.

La blondinette s'est envolée un samedi avec un plombier qui travaillait sur le chantier, laissant là sa femme et ses quatre gosses. Vous voyez qu'il faut se méfier de tout le monde...

Mais pour ce qui est de sa carte rayée de bleu-blanc-rouge, personne n'en a jamais rien vu.

Le chantier avançait, et petit à petit, la vieille bâtisse se transformait en une magnifique maison.
Ce fut l'œuvre de nombre de gens, poursuivant le même but, et pourtant si différents :
— Tintin, l'ancien d'Indochine ;
— Salvatore, l'artiste peintre qui vivait en France depuis trente ans mais qui n'avait toujours pas maîtrisé la langue ;
— Le petit Thierry qui chaque soir nous lisait ses poèmes, juché sur un escabeau ;
— Joseph, le chef, qui nous préparait la paëlla le dimanche ;
— Marie-Thérèse, qui nous amenait chaque soir des fans pour gratter la peinture sur les carreaux ;
— Le grand TUC qui venait chaque jours d'Orly en mobylette...
Et les autres : Ludo, le secrétaire de Coluche, Jean Basselin, le coureur moto, Cruj-Cruy, le gros bras-grand cœur et ma bande de motards surnommée « Les ouvriers du Baby-foot », par Max et Jacques... allez savoir pourquoi.

Nous l'avons reçu un matin, son père le tenait par la main. Il était comme ça depuis sa naissance, bloqué dans sa tête et dans ses gestes Alain !
Il cachait toute sa misère derrière ses lunettes. Il n'avait jamais souri, il avait vingt ans et pour lui la vie c'était « rien ». Pas de copains, encore moins de copines, entouré d'une mère éprouvée et d'un père sans personna-

lité. Alain n'attendait plus rien, rien! Notre communauté, mélange de races, d'idéologies, de savoir faire et de révolte, l'accueillit comme tout un chacun. Sans faire de différence. Sauf que Samuel lui coupait sa viande.

On le chargera de balayer la cour. Le premier jour il avait nettoyé deux mètres carrés. Si son père n'était pas venu le chercher, il aurait balayé toute la nuit, comme une horloge. Tic-tac, tic-tac. Les autres passaient et repassaient devant lui sans le voir.

Le lendemain, son territoire s'était agrandi de quelque dizaines de centimètres. Max, lui glissa une Gitane entre les lèvres. Alain se redressa, l'autre était déjà parti. Et les jours passèrent. Alain fumait une cigarette à la fin du repas en buvant son verre de rouge. Tout le monde le taquinait. Je crois qu'ils avaient compris qu'il aimait ça. Alain avait besoin d'exister. Ici, à Clichy avec tous les hommes de bonne volonté, il commençait une autre vie. Les progrès furent rapides. Bien sûr, il ne se mit pas à prendre la parole au milieu de l'assistance, il n'essaya pas de rattraper le grand Jacques à la course, mais il allait nettement mieux. Il demanda à Max de lui présenter une fille.

Quand les travaux furent terminés, c'est lui que nous eûmes le plus de mal à quitter. Mais nous avions le sentiment d'avoir accompli une grande chose. Il passe nous voir de temps en temps.

Il est seul.

Il n'a plus besoin que son père lui tienne la main.

Michel Noir est arrivé un soir accompagné par celui qui deviendra plus tard son gendre, Pierre Botton! Le ministre, laissant son chauffeur et sa R 25 officielle, a escaladé les escaliers qui conduisent au premier étage,

pour apparaître, gigantesque dans l'embrasure de la porte :
— Bonjour!
Il nous tendit une main franche et ferme.
— Ça me plaît ce que vous faites!
Bien sûr qu'il pouvait visiter. Il nous apprit tout en faisant le tour des bâtiments, qu'il avait six enfants, qu'il était très très intéressé par notre action et qu'il aurait souhaité qu'on puisse imaginer un centre identique à Lyon.
Je le trouvais fort sympathique, ce ministre du commerce extérieur. De retour dans le bureau nous parlâmes longuement de notre éthique et de nos buts. Il était convaincu également qu'on devait faire quelque chose. Avant de nous quitter, on se promit de se revoir très bientôt.

**PARACHUTAGE
SANS BALISAGE
DANS L'INTIMITÉ!**

Nous avons connu des hauts et des bas, il faut le dire. A cause des grands qui s'occupaient des petits; de la cave au grenier; des grandes joies et des moments de déprime.

Des histoires j'en ai sûrement oublié, mais celles qui vont suivre ne sont pas prêtes de me quitter.

Mr Julien Bouniol, directeur de la DDASS des Hauts-de-Seine; Mr Jean-Marc Divisia préfet; Mr Gilles Catoire, maire de Clichy et toute l'équipe habituelle, visitions aimablement les locaux de la future ambassade. Comme à l'accoutumée nous terminions par la grande pièce du deuxième, la future salle de musique.

Patrick poussa la porte en tournant le commutateur électrique pour donner toute la lumière dans cette pièce un peu sombre. « Klang! » Effectivement la lumière jaillit et surprit même le grand Jacques, occupé à libérer ses émotions sensuelles avec une petite, genre viet, dont la beauté fait honte aux fleurs de lotus. Ils étaient là, couchés sur un matelas de vieux exemplaires du *Chasseur Français*, nus, ravagés de bonheur. Ils n'avaient nullement besoin de passer aux aveux. Nous avions compris!

Le grand Jacques se rhabilla en nous lançant :
Je vous demande pardon, on ne m'avait pas prévenu à quelle heure qu'y aurait une visite!

La fille avait honte! Elle réagissait comme une frêle petite blanche chez les grands nègres!

– J'vous demande pardon! répéta le grand Jacques.
La fille est repartie et nous ne l'avons jamais revue.

Jacques en a profité pour se rabibocher avec Pascale qui ne sait rien de l'histoire qui va suivre. Une pause!

Je ne sais plus si j'avais vu le feu au rouge ou au vert. Quoi qu'il en soit je ne me suis pas arrêté même au troisième coup de sifflet. Ni vu, ni connu, j'oublie. Pascale, notre artiste belge et peintre ou le contraire, au choix, m'avait promis une surprise, un chef-d'œuvre sur la façade, côté croix rouge.

Cet après-midi j'avais préféré prendre ma nouvelle Vimax pour me rendre à Clichy. J'avais chargé Jeannot de la refaire peindre en jaune et j'avoue que cela lui donnait une « super gueule ». Pascale m'attendait :

– Viens voir Jean-Luc!

Je la suivis jusqu'au coin et oh! Surprise, je retrouvais, peinte sur le mur de trois mètres par quatre, ma superbe moto verte (la 600 KLR Kawasaki Trial). On pouvait même y lire mon numéro d'immatriculation sur la plaque arrière.

– C'est génial! merci Pascale, viens je t'embrasse!

Applaudissements du public, sauf Patrick qui m'interpelle en se penchant par la fenêtre du bureau du 1er étage :

– Jean-Luc, monte, il y a deux messieurs qui te demandent!

Après avoir salué tous les habitués qui travaillent, je monte au bureau et je retrouve les deux inspecteurs de police du 8e arrondissement.

Eh oui, le feu était bien au rouge avenue Kléber.
— Bonjour! c'est pourquoi?
Les deux oiseaux me montrent leur plaque et m'expliquent :
— Vous avez bien une moto verte?
(En fait, j'avais une chance de m'en tirer car la moto n'était pas encore immatriculée.)
— Non, je possède une moto jaune, d'ailleurs regardez, elle est dans la cour.
Et subitement je pris conscience de la magnifique fresque peinte sur le mur de la Croix Rouge.
— Excusez-moi messieurs, je dois aller aux toilettes!
Je descends précipitamment dans la cour et sans donner aucune précision je demande à Pascale de supprimer immédiatement ma moto. Elle ne comprenait plus, prête à pleurer, sangloter, à me jeter ses pinceaux à la figure.
— Mais Jean-Luc, ça ne va pas?...
— Mais si, fais ce que je te dis!
Et je la mis au courant de la situation. Les jumeaux commençaient à s'impatienter.
— Excusez-moi messieurs, c'est... c'est ma prostate qui déconne!
Bon, les types avaient pris ma déposition et je les raccompagnai jusqu'au portail. En passant devant la Croix Rouge ils stoppèrent pour regarder, admiratifs : elle est jolie cette moto bleue... En cinq minutes, toute l'équipe avait rejoint Pascale sur l'échafaudage et avait repassé ma moto aux couleurs du ciel!

Une communauté c'est comme une famille et l'on ne doit pas juger une famille sur les agissements d'un mouton à cinq pattes.

Le père du Plessis déjeunait avec nous ce midi-là. Il nous parlait souvent de sa longue vie faite d'aventures et nous aimions l'écouter. Il prolongeait le repas dans une atmosphère de détente chaleureuse, racontant mille anecdotes.

— Bon, je vous remercie de votre accueil et bonne journée à tous!

— François, encore une petite dernière, allez!

Et François, heureux, repartait dans son histoire d'antan!

Mais ce qui suivit a bien failli gâcher les autres déjeuners et porter la suspicion sur des gens qui n'étaient concernés que par leur passé et présent!

Quand François du Plessis voulut récupérer son sac dans le bureau, il avait disparu. Cela le rendit malade. Il devait se rendre l'après-midi même à la prison de Fresnes pour remettre une somme de mille francs à un détenu.

Nous avions bien quelques soupçons (qui se sont confirmés par la suite) mais... dans l'immédiat il fallait agir. Nous nous sommes réunis dans la cuisine et nous avons proposé une quête. Chacun donnerait suivant ses possibilités.

Le père était ému de notre solidarité. Il a fait un sermon sans jamais blâmer le voleur, mais quand il est parti il a eu la surprise de retrouver son sac avec l'argent, placé à l'endroit exact où il l'avait laissé avant le repas.

— Père, la cagnotte sera pour un autre détenu qui en a besoin!

KEVIN

La femme traversa la cour tenant l'enfant par la main. Il devait avoir cinq ans à peine, les cheveux bouclés, les yeux pétillants de malice.

Roger Mille se leva et quitta la table. Il salua la dame et se saisit de l'enfant, doucement, comme une chose rare. Et ils disparurent tous les trois. Le repas continua. Une demi-heure plus tard, Roger entra dans la pièce avec l'enfant et le posa sur les genoux de Samuel :

– Fais-le manger, Sam', le petit reste avec nous!

Tout le monde se tut, les fourchettes s'immobilisèrent. Nous avions compris que l'instant était exceptionnel. Ce petit être fait de chair et de sang représentait notre combat mené depuis des mois. Il était la concrétisation de tous nos efforts.

Roger s'est assis au fond, près du piano, seul, il nous regardait.

La femme a embrassé l'enfant sur ses boucles brunes et s'est retirée comme un souffle de vent.

Le petit a appelé :

– Maman, maman!

La femme était déjà loin. Nous voulions le consoler. Rien n'y faisait. Samuel le prit par la main et ils sont partis.

Kevin s'est très vite adapté à la communauté. Il est devenu l'enfant de tous. Trop peut-être! Mais c'était normal, il était le « premier »!

Patrick avait proposé à Gilles Rousseau, le directeur de la société Agora, d'organiser leur séminaire annuel à la Fonda.
— Vous passez la semaine ici; nous nous chargeons de vous faire la cuisine et vous effectuez les travaux de peinture à titre démonstratif auprès de vos clients!

Cent vingt personnes ont débarqué pendant cinq jours consécutifs, la force de vente de la société Agora collera de la moquette, du papier et des dalles.

La fin du stage s'est terminée par un cocktail gigantesque où nous avons eu la chance de rencontrer une personne qui va beaucoup faire avancer les travaux, Christian Tourel.

Quand Marielle et Marcel ont débarqué pour prendre en charge la cuisine, nous savions que les enfants ne tarderaient pas.

Les gros travaux s'achevaient ne laissant dans la cour que les vestiges d'un chantier. Le grand nettoyage reprit. Nous y allions tous de bon cœur. Ce n'était plus pareil, que l'on soit plombier, maçon, carreleur ou électricien, nous voulions être là jusqu'au bout.

Chaque carreau, chaque sol, chaque meuble était lavé, brossé, essuyé avec tendresse. La maison sentait le propre, le bonheur.

Les enfants sont arrivés un dimanche soir! Nous étions tous là pour leur faire une haie d'amour.

Dans la nuit, Régis et René aidés de leurs employés avaient tout juste eu le temps d'installer les lits et les armoires.

Les enfants étaient là, penauds, certains se tenant par la main, tristes, pleurant, inquiets.

Aurélie s'est avancée, a embrassé Alain qui tenait son frère tout contre lui, peut-être pour ne pas le perdre aussi. Et puis tout le monde a suivi.

Les gosses étaient là!

Un grand goûter fut donné avant de leur montrer leur chambre.

Plus personne ne pleurait maintenant. La maison avait enfin retrouvé après tant d'ennuis, sa vraie raison d'être. Elle vivait aujourd'hui, ce pour quoi elle avait été construite il y a si longtemps. « Les Enfants! » Nous entendions leurs cris joyeux et jamais plus, rien ne serait pareil. Arriva l'heure de la douche. Samuel avait décidé de s'occuper de Cha-Cha, un petit de cinq ans qui n'avait pas froid aux yeux.

– Tu sais Jean-Luc, je ne me rendais pas compte de la difficulté d'avoir un môme! me dit Sam.

Il faut dire qu'au bout de dix minutes on ne savait pas très bien lequel des deux prenait sa douche.

Le soir est arrivé trop vite, nous n'avions pas envie de les coucher tous ces mômes, nos mômes.

On voulait les garder près de nous...

Roger Mille s'était défoncé pour que les travaux finissent à temps. Il avait donné le meilleur de lui-même pour que les enfants trouvent dans cette maison un espoir de vie. Roger attendait tellement de cette « Ambassade », comme il l'avait appelé, pour se battre contre la méchanceté et la bêtise humaine; Hélas, il n'allait pas pouvoir continuer l'œuvre accomplie, terrassé par la maladie et la fatigue.

C'est Frédéric Sauger un jeune éducateur arrivant tout droit de Noirmoutier qui allait provisoirement assurer l'intérim.

Frédé comme l'appelaient les mômes, est un garçon sensible. Il aime les enfants par-dessus tout. Depuis toujours il leur tend la main. Délicat et prévenant, il fut immédiatement apprécié et aimé de tous.

Nous avions le petit « Gibus » de la Guerre des boutons, le vrai, celui du film ! ou si vous préférez Marcel le cuisinier.

Puis un nouveau directeur entra à la Fondation. Son nom ne vous dira rien : Francis Rana. Pourtant, vous le connaissez. Pendant les années 60, il fut le leader d'un groupe vocal très célèbre, dont le plus grand succès fut « Si j'avais un marteau » (repris également par Claude François). Ce groupe, c'était les Surfs.

Francis est éducateur de formation, mais il a gardé son âme d'artiste. Chaque soir, après dîner, il se mettait au piano, pour le plaisir des mômes et pour le nôtre.

Les gains offerts par les spectacles de stocks-car ont été importants pour la trésorerie de la Fonda. Ils nous ont aidé à financer en partie les travaux de l'Ambassade à Clichy.

Sam' était chargé de la négociation avec les organisateurs. Il était impératif que le déplacement de l'équipe soit pris en charge et que la Fondation soit assurée d'un chèque minimum.

Ludo, Cyrille, Guy-Guy, Jeannot, Francis, Sam, Patrick et moi-même constituions le gros de l'équipe. A ça,

vous ajoutez deux mécanos, les femmes, et dix bagnoles.
 Le plus difficile après les essais était de ne pas se faire piquer les clés de sa voiture par les concurrents malchanceux.

 Chaque véhicule contenait un siège, un réservoir de cinq litres soudé à l'arrière et tout le reste en grillage.
 Le jeu est simple : vous devez effectuer le maximum de tours de circuit, sans vous faire virer par les autres.
 Facile quoi!
 Nous nous sommes promenés à Annecy, à Bordeaux, Lyon, Calais, nous avons traversé la Vendée pour finir le 6 septembre à Tancarville.
 Il y avait aussi les après-courses, la troisième mi-temps comme ils disent au foot.
 A Annecy, le propriétaire de l'hôtel s'est carrément arraché les cheveux. La nuit, nous avons joué à colin-maillard dans les couloirs et malheur aux clients qui avaient laissé leur porte ouverte.
 Pour finir nous avons lancé les matelas par la fenêtre avec les draps et la couverture. La statue de Jeanne d'Arc, sur la place a été rhabillée et la ville enguirlandée au papier-chiottes.
 Juste pour finir, avant de rentrer se coucher, Guy-Guy s'est farci cinq mecs qui disaient des cochonneries sur notre dos. Je ne suis intervenu que pour les séparer mais c'était déjà trop tard.

 Après Tancarville, nous avons compté nos blessés. Ludo s'était fêlé le coccys; Patrick deux côtes, Guy-Guy se promenait avec un plâtre à la jambe gauche, moi j'avais la main droite toute bleue.
 Oui, bon, mais qu'est-ce qu'on a ri!

Entre deux stocks-cars avec les copains, Aurélie en Vendée et moi à Paris, j'en avais profité pour faire blinder la porte du nouvel appartement. Je voulais éviter que les anciens propriétaires, qui possédaient toujours un double des clés, puissent venir ou envoyer simplement quelqu'un. On ne sait jamais!

Aurélie me téléphona qu'elle rentrait plus tôt que prévu pour s'occuper de l'aménagement et de la décoration de la maison. Sa grossesse avançait, et elle serait bientôt incapable de pousser les meubles, seule, à sa guise.

— Aurélie tu vas bien, Margaux aussi? Bon, tu rentres à la fin de la semaine et moi je dois partir jeudi à Toulon, nous nous retrouverons lundi soir! Je vous embrasse toutes les deux. N'oublie pas de ramener du beurre, des œufs et des légumes!

Jusque-là tout allait bien. Le grain de sable qui va enrayer la machine c'est qu'Aurélie est arrivée à Paris avec Margaux et les paquets vendredi vers vingt heures. Que nous habitons un merveilleux appartement au cinquième étage sans ascenseur et que ma femme ne possédait pas les clés des nouvelles serrures de blindage.

De mon côté j'appelais sans cesse la Vendée et Paris. Je m'inquiétais de n'avoir personne. Aurélie en avait pris son parti et s'était installée à l'hôtel le plus proche. Enfin nous pûmes converser par téléphone et nous rassurer mutuellement sur la situation.

— Aurélie, dès demain je t'envoie les clés par la poste!

J'ai tenu parole. Aurélie m'a attendu sagement à l'hôtel avec Margaux, moi j'ai récupéré les clés dans la boîte aux lettres, lundi soir en rentrant.

QUI?

Ma vie est un « puzzle » dont chaque pièce est une amitié masculine ou féminine, au hasard des rencontres.

Je recherche dans ce jeu l'accord parfait.

Malheureusement, les éléments ne sont pas toujours en concordance les uns avec les autres. Je suis le maître d'œuvre, il m'appartient d'harmoniser.

Je déteste la solitude pour l'avoir trop imaginée, mais j'aime parfois être seul, avec la possibilité de joindre à chaque instant chaque pièce de mon « puzzle ». Cela me rassure. A ma manière, il m'a fallu construire les bases solides d'une famille. Le père, la mère, les oncles, les tantes, les cousins, les petits cousins, les jolies cousines qu'on aime en cachette et à qui l'on vole un baiser de temps en temps et qui vous présentent un jour leur fiancé, gênées de vous abandonner.

Tout ça est bien fragile. Il manque un sang commun dans les veines, l'atavisme et les yeux du petit dernier qui ressemble étrangement à l'oncle disparu pendant la dernière guerre.

Je sais tout cela et je suis obligé de faire avec. C'est un peu comme l'aveugle qui sait qu'il ne recouvrera jamais la vue. Il développe ses autres sens. Il ressent beaucoup plus fort que les voyants. Son instinct le guide à travers la vie. Sa lumière est dans son cœur!

Gilbert Montagné, quand vous lui parlez, il vous prend la main. Le « regard » qu'il porte sur vous, son jugement n'est fait que de *vibrations*. Ma sensibilité me déclenche les mêmes sensations. Je perçois plus la personnalité des gens par les ondes qu'ils dégagent que par leurs paroles.

J'ai besoin de toucher, de me frotter, comme un animal. Je sens quand les gens me mentent, je sens quand ils m'aiment. Mais je ne veux pas savoir quand ils me détestent. Et si cela existe, je fais tout mon possible pour les faire changer d'avis. Personne n'est totalement négatif, chaque être dispose de multiples possibilités. Personne n'est à rejeter en bloc. Tout est subjectif!

C'est comme une chanson, on peut l'adorer un matin ou ne vraiment la découvrir qu'après plusieurs écoutes. Tout n'est qu'une question de moment, d'opportunité.

Ma carrière m'oblige à côtoyer des milliers de personnes et je n'ai ressenti que rarement le besoin de m'écarter d'un homme ou d'une femme qui venait jusqu'à moi.

SEPTEMBRE

Les enfants étaient à l'école du quartier. Les bébés dormaient dans la nursery sous l'œil attendri de Cécile. Marcel épluchait les légumes pour le bouillon du soir et Patrick s'entretenait de la finition des travaux avec Christian :

– Tout doit être terminé pour le 30 septembre, impérativement !

Le téléphone sonna et Patrick décrocha pour porter l'écouteur à son oreille.

– Qui ça? Oui je prends! Excuse-moi Christian! Allô, je suis Patrick!

Une jeune femme, à la suite d'un article qu'elle avait lu dans *Libération*, se proposait de venir nous aider.

Cette jeune femme, c'était Miou-Miou.

– Je suis très intéressée par ce que vous faites pour les mômes. J'aimerais participer à votre entreprise. Je peux venir tout de suite? J'arrive!

C'est ainsi que Miou-Miou est venue nous rejoindre et qu'elle est devenue un nouveau maillon de notre longue chaîne d'amitié. Grâce à elle, nous avons rencontré Pierre Ponyot, PDG de la société Lee Cooper.

C'est lui qui va nous faire l'offre la plus extraordinaire : deux tenues complètes par an pour chaque enfant de la Fondation et ce, pendant cinq ans.

Nos gosses ne risquaient plus d'avoir froid.

Miou-Miou est un être fragile et maternel qui s'est donné entièrement aux enfants. Pendant cette période difficile du démarrage, elle s'est rendue disponible pour être là, sur le terrain. Tous, sans exception, nous avons succombé à son charme et à sa gentillesse. Elle a su nous faire partager des grands moments de tendresse comme seuls peuvent le faire des êtres sensibles.

Miou, viens nous voir plus souvent!

Parmi les opérations montées pour apporter de l'argent à la Fondation, l'une a été particulièrement originale.

Ellia, digne représentant de la société Transam cultive une passion pour les chevaux et particulièrement ceux qui courent à Vincennes.

Alors, en accord avec la Trotting-Promotion, il a organisé la vente annuelle de « Yearling » à Vincennes au profit de la Fonda. Pour ceux qui l'ignoreraient, les Yearlings sont des trotteurs âgés de moins de deux ans.

La vente a commencé vers vingt heures pour se terminer vers trois heures du matin, dans une ambiance de fête. Je crois me rappeler qu'une centaine de chevaux sont passés devant les spectateurs. Les prix variaient de vingt mille à un million de francs. De quoi faire dresser ses cheveux sur sa tête à un néophyte.

Le gain qui nous a été versé a permis de payer la remise en état de la grosse chaudière de l'ambassade.

C'est vrai que le cheval est la plus belle conquête de l'homme!

UN ACCIDENT
ET UN ATTENTAT

Dimanche 14 septembre 1986. Tout paraît normal, j'ai mes quinze rendez-vous habituels. Bien sûr, pour gagner du temps, je me déplace à moto, malgré le froid qui peu à peu s'installe sur notre cher pays.

Entre deux balades, je croise Ludo sur sa V. Max. D'un petit signe, il me fait comprendre qu'il a un peu de temps et qu'il me suit. Nous voici avenue Montaigne à fond de troisième. Le feu passe au vert, je roule en premier. J'accélère! Une voiture venant de ma gauche brûle le feu qui pour elle est au rouge et vient me percuter en pleine vitesse. La bécane explose sous le choc. Je me retrouve dix mètres plus loin, allongé sur le toit d'une Fiat, à compter mes abattis. Ludo se précipite.

Je me relève, je n'ai rien.

Il m'explique que la dernière fois qu'il a vu l'un de ses potes se planter en moto devant lui, c'est au début des grandes vacances et le mec, c'était Coluche. On connaît la suite...

Pas le temps de faire un constat, le type est complètement en tort. Nous échangeons nos coordonnées. Avec Ludo, nous traînons l'épave sur le trottoir.

Je suis maintenant attendu au Pub Renault où NRJ

émet en direct. Mille fans attendent mon arrivée. Je remonte les Champs Elysées, assis derrière Ludo. Nous nous frayons un passage à travers la foule. Cohue, dédicaces et cinéma habituels. A peine ai-je poussé la porte en verre pour pénétrer à l'intérieur du hall, qu'une déflagration monstrueuse me projette sur le trottoir. Les gens crient leur peur. Une fumée grise se répand partout. Nous vivons le fameux attentat qui va coûter la vie à deux courageux policiers.

Gérard Pédron, qui m'attendait à l'intérieur me rejoint, les cheveux coiffés à la punk, et le visage recouvert d'une poussière blanche.
En une demi-heure, j'ai échappé deux fois au pire. Je médite derrière Ludo en revenant à la maison. J'ai embrassé très fort Aurélie!
– Tu vas bien?
– Oui, j'aime la vie!

/ **BRACONNIER**

Nous sommes crevés, usés, vidés! L'inauguration de la première maison aura lieu à Clichy le 8 octobre prochain, c'est-à-dire dans quatre jours. Tout n'est pas fini, il reste quelques détails : un escalier extérieur à remonter en parpaings, béton, enduit, de la peinture, beaucoup de peinture.

Dans la nuit qui va précéder l'arrivée du Chef de l'État, l'équipe, avec Christian en tête, va réussir à changer le compteur électrique pour le faire passer en 380 volts à raccorder une deuxième arrivée d'eau pour augmenter la pression, à sceller les stores au-dessus de la salle à manger, à coller la moquette dans les longs couloirs du premier étage, à peindre la salle de jeux, la façade de l'immeuble côté rue, le préau, à planter les arbres et fleurs dans le jardinet, à vider le théâtre pour le maquiller de tissu noir.

J'en passe et des meilleurs, vous pouvez me croire.

Ah, oui, j'oubliais! Aurélie désireuse d'emménager dans notre nouvel appartement, avant que son gros ventre vienne cogner malencontreusement le volant de sa petite

Fiat rouge nous avait suggéré le déménagement immédiat. Comme il ne restait à chacun de nous que la nuit de disponible, nous avons commencé un vendredi soir, vers dix-neuf heures, pour terminer devant un casse-croûte au saucisson le lendemain matin à sept heures. Quelle histoire!

Une fois encore la solidarité et l'amitié ont fait des prouesses.

Patrick jouait à saute-mouton avec Margaux. Ils ne risquaient pas de se cogner dans les meubles. Momo fumait sa Peter Stuyvesant longue en suivant du regard les deux zozos qui roulaient en riant à travers le salon.

Mitsou et Céline firent leur entrée.

– Bon, on y va les jeunes, j'ai une petite faim!

Chez « Braconnier », rue de Longchamp face à la poste, pas besoin de réserver, c'est un copain. Nous nous connaissons depuis toujours, il est le beau-frère de Gérard Lenorman. Quand on débarque, pour lui c'est « bonjour l'angoisse »; surtout quand il reconnaît le duo « Lahaye-Rouxel »! Il sait, il sent, Braco, que la soirée sera chaude et animée. Pas question pour lui d'appeler le shériff pour protéger son saloon, les représailles seraient immédiates.

L'atmosphère tiède, la bière fraîche et la fatigue ont eu raison de nos états d'âme! Je me souviens de m'être levé pour accueillir les clients et prendre les commandes. Puis j'ai chanté en montant d'abord sur ma table. Comme l'assistance n'avait pas l'air de me prendre au sérieux, j'ai opéré un tour de salle en sautant sur les tables et en prenant bien soin de poser mes pieds entre les assiettes. Après « Papa chanteur » j'ai dû faire la quête pour la Fonda.

– A vot' bon cœur, m'sieurs dames!

Des gens riaient, d'autres pleuraient!

Entre deux conneries, nous arrivions quand même à grignoter un petit peu.

Patrick m'a rejoint sur le bar pour danser le rock sur une chanson de Ian Matthews.

Ça commençait à dégager dans la salle. Puis Patrick s'est retrouvé sur mes épaules, nous nous sommes placés à l'entrée de la brasserie pour empêcher les clients de rentrer :

— C'est complet, nous sommes désolés!

Un couple d'Américains qui ne comprenait pas nous regarda avec des grands yeux. Tant pis! Le bouquet c'est quand nous avons tenté de nous asseoir face à face sur la même chaise. Il y a eu un grand crac et deux mecs par terre.

— Ouf! Tout le monde est parti? nous sommes entre nous maintenant!

Le patron riait.

— Philippe je peux avoir un peu d'eau, j'ai sali mon pantalon!

INAUGURATION
8/10/1986

La rage
de Gagner

1re Tournée RTL. 82.

J'en veux comme un Fou

Je suis. Je ne
suis pas me coiffer.

Je bulle
Tu souris

Ils ne sont
pas comme
les
autres

ma voiture avant la course
La Pautue

l'amitié comme je l'aime
super souvenirs

Ludovic qui s'est blessé c'est pas ma faute

Cyril. Ludovic. Jeannot. Mittau Guigui. Le délire des Stocks-cars

J'ai mis une phot à Casino Parade pour faire Hairi à mes Fans

Grand le Totul aucun fli

Alain Lanty en
répétition avant
une Tournée...
Je l'aime fort

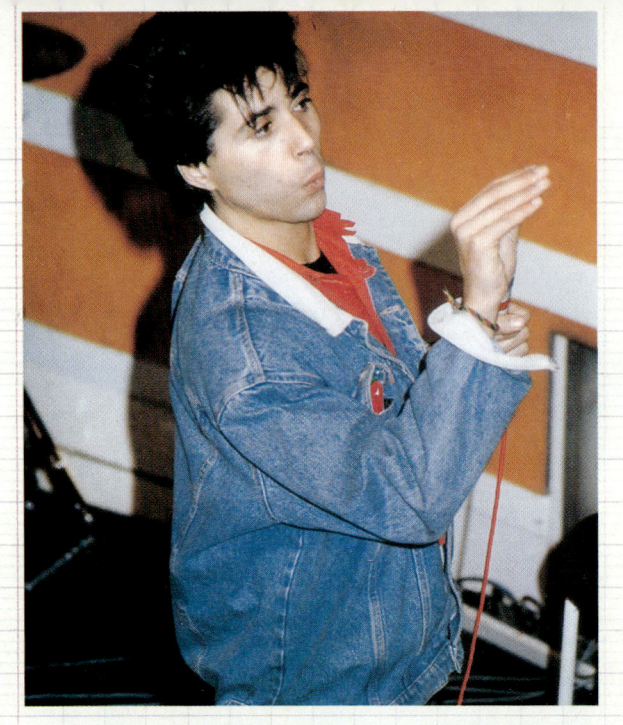

T'es pas content ?

Quelle gueule le pompier !

Aurélie adore
cette
photo.

L'accueil
de Sabine on connait
à Nice..

Patrick mon hôte en Vendée. 14 Juillet 87

Tu me fais mal Baron de Lyma !

mes respects M: le Président
inauguration de la Fonda

Papa chanteur je suis en
lheure par la Bande

attitudes

Tu veux le mien ?

Je préfère
les gâteaux

mais c'est
bien mieux !!

Je finis la course à pied ma voiture est cassée..

on mange bien à la cantine ?

Le Samurai
des Majorettes

inquiet....

Un petit Baby Ludo ?

on a gagné !

dédicace de cent Familles n°1 Roux et Faille au s/grain

Cela ne pouvait pas être une journée comme les autres. C'était impossible. Il devait se passer ce jour du 8 octobre 1986, un événement exceptionnel : « L'ouverture de la 1re Ambassade de la Fondation. » La porte s'ouvrit sur un monde nouveau, « celui des enfants ».

Dès 7 heures du matin, toute l'équipe s'est retrouvée dans la salle à manger pour recevoir les dernières instructions et avaler à la hâte un petit déjeuner. Les techniciens d'Antenne 2 étaient déjà sur place pour installer leur matériel.

A 10 heures, Noël Mamère est arrivé pour préparer son journal télévisé.

La tension montait malgré les rayons du soleil et la gentillesse des uns et des autres. Nous avions une heure d'antenne pour faire partager notre enthousiasme à la France entière.

A midi, l'émission commença.

Ma première surprise fut de découvrir la plaque commémorative apposée sur le mur d'entrée. Le secret avait bien était gardé et en lisant les mots gravés sur la plaque, je ressentais que ceux qui y avaient participé étaient près de moi. Puis ce fut le repas avec les enfants, Miou-Miou, Josiane Balasko, Julien Bouniol...

Quatorze heures, changement de programme. RTL s'est installé dans le théâtre pour l'enregistrement de studio 22, avec de nombreux artistes. La fête musicale continue. Les camions de la télévision laissent la place aux véhicules de la police qui vient prendre possession des lieux.

C'est Momo avec le préfet et le responsable du service de haute sécurité du président qui a organisé le déroulement des opérations.

Personne, pas même le commissaire de Clichy ne devait être au courant de la venue du premier des Français! (D'autant plus que c'était l'époque des attentats.) On imagine le système de protection mis en place pour le déplacement du président.

Au dernier moment, vers 16 heures, il a été décidé de percer une porte de secours qui servira en cas de problème, accès direct sur une rue parallèle à la rue Villeneuve. Tout est planifié, orchestré, à la seconde près. Chaque maison, chaque immeuble, chaque escalier environnant a été visité et fouillé. Des tireurs d'élite de la brigade sont placés à chaque fenêtre qui surplombe la cour. Toutes les rues de Clichy sont bloquées. A partir de 17 heures, plus personne ne pourra pénétrer sans un badge spécial dans la cour de la Fondation. Trente minutes plus tard, la maison sera évacuée de tous ses occupants. L'équipe de RTL a dégagé les lieux. Les membres de la Fondation ont enfilé leurs blousons noirs par-dessus les tee-shirts marqués du « petit bonhomme », symbole de la Fondation. Samuel est au portail prêt à intervenir. Dans la cour, nous sommes environ cent personnes, dont Julien Clerc.

– Dans quinze minutes, nous dit-on.

Nous apprenons que le périphérique est bloqué et qu'autour de la Fonda cinq mille personnes attendent fébrilement, derrière les barrières métalliques.

La nuit est tombée, apportant avec elle sa fraîcheur d'automne.
– Moins d'une minute!
Je suis rue Villeneuve, entouré d'Aurélie, Momo, Patrick et Gérard. Nous échangeons quelques mots pour calmer notre trac!
Et puis... c'est l'arrivée du président de la République, François Mitterrand.

Nous l'attendions en voiture officielle et il arrive à pied sous les applaudissements.
Ségolène Royal est à ses côtés, des militaires, le maire, des ministres et tant d'autres.
Je suis face à lui, cinquante mètres nous séparent. Silence, la foule est tétanisée.
Nous marchons lentement l'un vers l'autre. Ces cinquante mètres m'ont paru très longs, toute mon histoire est repassée dans ma tête. Je n'étais rien qu'un petit *bonhomme*, le petit orphelin à casquette de « Cent Familles » et lui, le président, venait à moi.
C'était un grand moment. De ceux qui vous marquent pour la vie entière.
Nous nous sommes serrés la main très fort.
Momo pleurait, Aurélie vacillait sous le poids de son ventre trop rond!
La foule hurlait de joie.
– Monsieur le Président, mes amis et moi même sommes très heureux de vous recevoir!
Un enfant lui tendit une paire de ciseaux. Il lui tapota la joue et coupa le ruban tricolore. On envoya la musique de « Papa chanteur ».
– Monsieur le président, je vous présente Aurélie, mon épouse; Mauricette et Patrick Rouxel que vous

connaissez déjà et Gérard Pédron mon ami et producteur. (Gérard s'est mis au garde-à-vous!)

Les flashes éclataient de toutes parts. Le service d'ordre empêchait la bousculade. Puis, le président leva la main, et s'adressant à un journaliste qui reculait au fur et à mesure de notre approche :

– Faites attention, vous allez tomber dans le bac à sable!

Il visita toute la maison, n'oubliant aucune chambre. C'est dans ma salle de jeux du deuxième, que se déroula le moment le plus épique de sa « tournée des popotes ».

Quand il s'approcha du baby-foot, qui nous avait été offert par Coluche, je lui demandai de faire un match. Il accepta de bonne grâce.

Ce fut la grande bousculade des journalistes et des photographes. Tous voulaient le scoop pour leur canard. Aurélie, sans l'intervention du ministre Michel Noir qui se trouvait derrière elle, aurait été renversée et piétinée!

– Calmez-vous, messieurs! leur déclara le président.

Dans la cour, je le guidai près du jardinet préparé à son intention et le priai de bien vouloir planter un arbre d'accacia, symbole de la paix universelle.

Il se plia en avant et à l'aide de la truelle recouvrit les racines de l'arbre, sous les applaudissements.

Je pris la parole :

– Monsieur le président, vous êtes celui qui a posé la première pierre de la Fondation. Aujourd'hui vous avez planté un acacia, symbole de la paix universelle. Notre œuvre n'est pas finie, elle commence, au contraire. Aujourd'hui Clichy, demain Lyon, après-demain d'autres villes à travers la France, accueilleront les ambassades de nos enfants. Notre démarche n'est pas de concurrencer telle ou telle administration. Nous avons un message : « Donnons-nous simplement la main! » Et ce message a été entendu puisque depuis le jour où nous avons entrepris de défendre la « Charte des enfants », un énorme élan de solidarité, une longue chaîne d'amitié s'est créée. C'est à eux tous et à vous, monsieur le Président que je dis merci!

Applaudissements.

– Jean-Luc Lahaye, merci de vos propos. Cela n'était pas prévu, mais comment ne pas vous répondre en peu de mots. Tout ce travail est le vôtre et celui de l'équipe qui vous entoure, de celles et ceux qui viennent chaque jour, avec enthousiasme, avec persévérance, contribuer à cette entreprise : donner une chance plus grande dans la vie aux enfants qui sont autour de nous.

Cette entreprise, c'est vous qui l'avez conçue, c'est vous qui la réalisez, c'est vous qui bâtissez cette œuvre. Bien entendu, il faut que l'on vous aide! Je ne parle pas de moi mais des administrations et de toutes les bonnes volontés. Elles sont multiples, émues de ce que vous faites et elles vous apporteront un peu de leur travail, beaucoup de leur présence.

Pour ce qui me concerne, qu'ai-je fait aujourd'hui? J'ai inauguré la Fondation. Si je peux ainsi vous aider à donner cet élan, et à faire comprendre partout en France que les enfants qui n'ont pas de parents, qui n'ont pas de famille, ces enfants souvent abandonnés, perdus, ne le seront plus, alors c'est inestimable, inappréciable. Moi, je suis là derrière vous pour vous dire : continuez, réussissez, ayez du courage. Ce ne sera pas si commode, mais j'ai l'impression que vous n'en manquez pas.

Merci enfin à celles et à ceux qui sont là, tout autour, et travaillent avec vous.

Applaudissements! Buffet, petits fours, chansons, Canal + en direct, la fête, les larmes aussi. Je croisais ce soir-là les visages fatigués de tous mes amis qui depuis de longs mois s'étaient défoncés pour reconstruire. Pas la peine de parler, nous savions que c'était le dernier soir ou presque. Perdu, noyé au milieu de 1 000 invités, j'avais envie de chialer. La fin d'une histoire, d'une aventure...

Il est reparti avec son escorte. Mais nous n'étions plus seuls. Le président François Mitterrand avait laissé son empreinte et nous avions la sensation d'avoir vécu une journée exceptionnelle.

Ivres de fatigue, nous avons chanté :
Ce n'est qu'un au revoir, mes frères,
Ce n'est qu'un au revoir,
Nous nous retrouverons mes frères,
Ce n'est qu'un au revoir!

ALEXIS

— Je m'appelle Alexis, ma sœur c'est Pauline, elle a six ans. Quand Maman est entrée à l'hôpital il y a cinq ans, elle m'a dit : « Alexis tu es grand maintenant, tu as neuf ans, te voilà chef de famille prends soin de ta petite sœur, ne la quitte jamais. »

A partir de ce jour, j'ai pris la main de Pauline et je l'ai serrée très fort. Avant d'arriver à Clichy avec notre petit baluchon, nous avions vécu chez Mme Darec la voisine, chez Mamie et au commissariat. Alors, en arrivant devant ce portail multicolore, mon cœur s'est mis à battre très fort. Pauline s'est rapprochée un peu plus près de moi. C'était comme une fête, ces dessins, ces peintures qui couvraient les murs comme les livres pour enfants. Et puis, soudain nous nous sommes retrouvés au milieu de gens qui nous souriaient. Alors, là seulement, j'ai compris que je pouvais lâcher la main de Pauline.

— Comment t'appelles-tu ? Moi c'est Jean-Luc !

Jean-Luc nous a pris par la main et nous avons traversé la cour pour rentrer dans la salle à manger. Nous nous sommes assis autour d'une petite table où fumaient

deux bols de chocolat, Jean-Luc nous a fait des tartines de pain-beurre :
– Allez, mangez les petits !

Notre chambre est au premier étage. Pauline a son lit près du mien. La maison est très grande. Sylvana nous a dit que bientôt nous allions avoir des petits copains. C'est vrai. J'oubliais de vous dire que les autres enfants sont chez des parrains.

Maman viendra nous voir dimanche prochain, elle va mieux. Avec Pauline nous allons lui faire visiter la « maison du bonheur ! »

– Alors, tu vois maman, ici c'est la salle à manger ; ici la chambre des petits, celle des garçons, celle des filles ; bonjour Samuel, c'est vrai que je fais mes devoirs, hein Pauline ? La maîtresse est très contente. Regarde tous les livres. Et là c'est la pièce de musique. C'est super ! C'est cool ! Pourquoi tu pleures maman ?

Nous avons refermé la porte doucement sur Alexis, Pauline et leur maman, les laissant volontiers à leur bonheur retrouvé !

9 OCTOBRE 1986

Il y a toujours un lendemain pour ceux qui restent.

Tout s'est bien passé, mais le train était obligé de se séparer de certains voyageurs pour pouvoir continuer son voyage.

Une grande table avait été dressée dans la salle à manger et nous étions tous là.

Un par un je les ai appelés pour leur remettre un diplôme de membre de la longue chaîne d'amitié. Ce n'était rien, mais pour nous tous, nous savions que ce papier avait plus qu'une valeur symbolique. Il était le trait d'union des hommes, des femmes et des enfants, venus au secours des êtres en difficulté. Il était un signe de ralliement et de solidarité.

Un morceau du temps qui passe et ne se retrouve jamais. Nous avons mangé, bu et chanté.

C'était la coupure du cordon ombilical. D'un côté, ceux qui restaient parce qu'ils étaient indispensables, de l'autre les partants qu'on se promettait de retrouver un jour.

Avant de nous quitter, nous avons formé une longue chaîne d'amitié en nous tenant par la main : le plus beau des voyages.

DONNE-MOI LA MAIN

– Entrez! répond Dominique Cantien. Patrick et Samuel s'avancent dans le petit bureau où règne un désordre digne des meilleurs producteurs d'Hollywood.

Nous sommes le 10 octobre 1986, soit deux jours après l'inauguration de l'ambassade de Clichy. Il est vrai que le déplacement du président a suscité beaucoup de remous dans le show-biz. Mais ce n'est pas l'unique raison qui a encouragé la productrice d'Antenne 2 à téléphoner à Patrick Rouxel.

Il faut revenir quelques années en arrière pour comprendre.

Le 1er avril 1984, Dominique Cantien travaille pour la première chaîne, sous la direction de Marie-France Brière. Ce dimanche-là, elle m'a programmé dans « Champions », émission animée par Michel Denisot. Je ne suis pas une super star, elle sait qu'elle a pris des risques, mais ça lui plaît. Je ne veux pas la décevoir. Elle m'a fait confiance contre tous les avis extérieurs. L'émission a fait ce jour-là son plus gros score d'écoute. Marie-France Brière est venue sur le plateau pour nous féliciter. Il s'était passé quelque chose. J'étais venu avec tous mes copains de moto pour parler simplement de mon univers et de ma façon de voir les choses de la vie!

– Patrick, je vous ai fait venir pour vous proposer une émission spéciale autour de votre Fondation. Nous vous proposons sur Antenne 2, « La nuit de l'enfance », le 16 décembre prochain de 20 h 35 à 0 h 30! Une soirée exceptionnelle! Jean-Luc fera appel à la générosité de tous pour réunir les fonds nécessaires à l'ouverture, de huit maisons en France. C'est ce que vous souhaitez, je crois?

Patrick est surpris.

– Dominique, je trouve votre idée fantastique et je vais en faire part immédiatement à Jean-Luc. Ce qui me gêne un peu, ce sont les huit maisons. C'est vrai que nous avions prévu d'établir un contact dans chaque région, mais étalé sur plusieurs années!

Christophe Dechavanne vient d'entrer, il salue l'assemblée d'un signe de la main, saute à pieds joints sur le bureau de Dominique Cantien, renversant tout sur son passage.

Dominique, habitué aux facéties de l'animateur, fait les présentations.

Il sourit et s'en va.

– C'est lui qui animera la soirée, précise Dominique!

Samuel pousse Patrick du coude. Dominique reprend la parole :

– Pour commencer nous allons nous établir un planning de travail.

Elle décroche le téléphone.

– Allô, Blandine, tu peux me rejoindre dans mon bureau?

Blandine Guihot, apparaît, accompagnée de Gilles Amado.

Nouvelles présentations. Chacun prépare son agenda.

– Il faut nous revoir une fois par semaine, je propose mercredi après-midi. Et pour démarrer je propose que nous donnions un nom à notre émission.

C'est Patrick qui suggérera « Donne-moi la main ! »

Dominique Cantien définit les responsabilités. Il fut décidé que la Fondation se chargerait de trouver les maisons offertes par les municipalités en respectant l'apolistisme de la chaîne. Quatre municipalités à gauche, quatre à droite. C'est encore nous qui interviendrons auprès de la Fondation de France pour que l'opération soit placée sous son égide et devra fournir au conseil juridique d'Antenne 2 le rapport financier détaillé sur les besoins de fonds et leur utilisation. Enfin, la Fondation mariera chaque ville concernée par l'émission avec un journal, régional chargé plus particulièrement de la promotion.

Quant à Dominique Cantien et son équipe, ils s'occuperont du reste...

La préparation de l'émission est un travail énorme. A partir de cette première réunion, Patrick et Samuel sillonneront le pays à la recherche de municipalités coopérantes. Ils apprendront que le monde politique n'a rien à envier au milieu du show-biz !

Ils auront quatre semaines, pas plus, pour conclure des accords. Par la suite, nous découvrirons, à nos dépens, que la parole donnée n'est pas toujours tenue.

GLORIA

Elle est arrivée le 1er novembre sans faire de bruit; sur la pointe des pieds, comme pour ne pas déranger. Je suis resté jusqu'au bout dans la salle de travail et c'est moi qui l'ai mise au monde. Gloria, mon enfant.

Notre famille s'agrandissait et j'étais heureux, nous étions heureux. Ce petit bout de moi qui dormait dans son berceau, c'était encore une raison de vivre, une de plus. Je la protégeais déjà de mon regard. Je l'aimais plus que moi-même.

Un souffle de vent, le bonheur, caressait une fois encore notre maison.

Je priais pour remercier Dieu!

A Lyon, avec Danielle Noir, Jean-Gabriel Thénevet et Claude Comet du « Progrès », Patrick et Samuel ont visité quatre maisons, dont la propriété Blanchoud qui a été retenue.

– Lyon ne pourrait rester insensible à un tel projet, votre démarche nous a émus. Nous travaillerons pour que la Fondation Lyonnaise soit une grande réussite.

C'est par ces mots que Francisque Collomb, maire de la ville, nous a reçus le 23 novembre 1986 dans son bureau de la mairie. Je pensais que ce serait bien, mais je ne savais pas que j'allais rencontrer des gens aussi enthousiastes...

Robert Maletesta, directeur du cabinet du maire de la ville de Marseille, nous proposa une usine de confection désaffectée, un rapprochement avec un centre Léo-Lagrange et la possibilité d'envoyer nos mômes en vacances sur l'île du Frioul.

Comme Toulouse nous lâchait, Jean-Pierre Joseph, président du conseil général du Gers, nous présenta un château inhabité. La ville d'Auch s'y opposa. Contre fortune bon cœur, il remit à Patrick en toute solennité, la médaille de la ville!
C'est à cause de la superbe gendarmerie de Verdun-sur-Garonne, que nous avons signé avec la municipalité. Nous nous trouvions à trente kilomètres de Montauban, dans un site extraordinaire!
Le secrétaire général de la mairie de Montpellier, M. Bellorgeot, écouta nos ambassadeurs en tirant sur sa pipe, mais ne donna pas suite à notre requête.

Momo, Jean-Christophe et Samuel furent reçus avec une extrême gentillesse par M. Boulot, représentant la municipalité de Nevers qui nous offrira un magnifique corps de bâtiment placé en centre-ville.

Il aura fallu deux voyages à Lorient pour que le député maire Le Drian, nous propose le château de la Soye.
Au préalable, pour la Bretagne, nous avions rencontré M. Benoit, député-maire de Dinan; M. Edmond Hervé, maire de Rennes.

Nos démarches auprès de la municipalité de Nantes sont restées sans effet.

Pour le Nord-Pas-de-Calais, nous nous sommes déplacés à Cambrai, Béthune, et Dunkerque. En fait, c'est Boulogne que nous choisirons après un déjeuner sur la plage avec M. Guy Langagne, ancien ministre de François Mitterrand. Il mettra à notre disposition le château du Désert.

Juvigny-sur-l'Oison a été un coup de cœur. Petite commune de l'est de France, perchée tout là-haut, près de la frontière belge et comptant une centaine d'habitants; son jeune maire, François Colin, nous a fait craquer. Alors qu'il labourait sa terre, il entendit dans la cabine insonorisée de son tracteur, l'appel que je lui lançai sur RTL. Il revint immédiatement chez lui, se précipita sur le téléphone :

– Allô!, la Fondation, j'ai une maison à vous proposer. Nous sommes une petite commune, mais nous avons un grand cœur!

Une semaine plus tard, l'accord était signé! Il n'y croyait pas vraiment Francis. Comment pouvait-il lutter avec toutes les grandes villes? Il a pourtant eu raison de s'imposer et nous, nous en félicitons.

Après plusieurs interventions difficiles auprès de M. Chaban Delmas, maire de Bordeaux, nous nous sommes repliés sur la Coquille en Dordogne pour représenter la région du sud-ouest. Soyez assurés que nous n'avons aucun regret. Le château de la Barde, propriété des Frères Jésuites, nous a été offert avec en prime un chèque de un million cinq cent mille francs.

Le Dr Laleu et son épouse, ont facilement convaincu

le Conseil municipal du bien-fondé de notre implantation dans la commune.

Il ne nous restait plus qu'à rapprocher les villes et les journaux :
- La Coquille sera associée à « Sud-Ouest ».
- Marseille au « Provençal ».
- Lyon au « Progrès ».
- Verdun-sur-Garonne à la « Dépêche du Midi ».
- Juvigny-sur-l'Oison à l' « Est-Républicain »
- Boulogne à « Nord-Matin ».
- Lorient à « Presse-Océan ».
- Nevers à « La Montagne ».

C'est au « City Rock », un dimanche midi, avec Momo, Patrick, Aurélie et les mômes de la Fonda, que l'idée nous est venue de faire venir en Concorde des orphelins de Harlem pour l'émission du 16 décembre.

Quand nous en avons parlé à Dominique Cantien et Blandine, elles nous ont pris pour des farfelus.

Et puis, l'idée a fait son chemin.

C'est ainsi que la veille de l'émission, nous irons accueillir à Roissy, quatre jeunes garçons et filles et leur éducatrice qui débarqueront en Concorde, en provenance de New-York.

C'était émouvant, fabuleux. Ces gosses oubliés, du pays de l'Oncle Sam, se retrouvaient à Clichy, ne parlant pas un mot de français et partageant les chambres de nos enfants.

C'est sur une idée de Simon Monceau, directeur des programmes à RMC que le « Petit Train de Noël » sillonnera le sud de la France du 1er au 13 décembre.

Un wagon « information » sera mis à la disposition de la Fondation, pour que Jean Basselin (et Isabelle Dettane, la fille de mon ami Lucien) ami et ambassadeur, puisse éclairer le public sur notre action.

Chaque jour, de seize à dix-sept heures, le studio mobile installé sur le train émettra en direct. C'est ainsi que des milliers de personnes apporteront leur contribution à notre œuvre.

Parti de Saint-Raphaël, le train terminera sa course humanitaire à Lyon, où tous les membres de la Fonda l'attendront pour une ovation bien méritée!

AU REVOIR TONTON

Le 3 décembre à Reims : « La nouvelle affiche. »

Dans la soirée du 4 décembre, à Tours, pendant la répétition de la « Vie de Famille » avec Patrick Sabatier, Marcel Ruffo m'appelle au téléphone :

– Viens vite, je ne sais pas s'il en a encore pour longtemps !

Marcel est le neveu de Louis Bianco, mon « père adoptif ».

Je prends l'avion, et je retrouve Louis en pleine nuit dans sa chambre d'hôpital à Toulon. Je regarde « mon Louis » que je n'avais pas vu depuis huit mois. Il était amaigri, couché sur le flanc, avec des tuyaux dans la bouche, les yeux fermés.

Ses deux sœurs pleuraient comme deux veuves au pied de son lit.

Je me penche vers son visage et lui prend doucement la main :

– Louis, tu m'entends ?

Dans un effort surhumain, il ouvre les yeux. Il me serre la main d'une manière imperceptible pour me faire comprendre que le courant passe. Il referme les yeux, mais pas complètement. J'aperçois encore une dernière flamme de vie.

C'est un moment très dur.
– Je te promets que je vais être bien, que tu vas être fier de moi!

Il partira sans tenir sa promesse.

– Dans l'avion qui nous ramenait vers Paris, j'ai dit à Aurélie : Louis, c'est la dernière fois que je le vois, j'en suis sûr!

En arrivant à Tours, le lendemain midi, Gérard m'a pris à part :

– Jean-Luc, c'est fini!

Louis m'avait attendu; il savait car il me réclamait sans arrêt. J'aurais dû le voir plus souvent, mais mon calendrier des rendez-vous était toujours trop plein!

C'est fini. Je m'entendrai plus jamais sa voix au téléphone. Cette voix qui chantonnait, pleine de soleil, cette voix qui au fil des années devenait plus suppliante :

– Alors, Jean-Luc, quand viens-tu me voir?

C'est fini, il s'est éteint tout doucement, avec, dans le regard, la quiétude de ceux qui sont rassurés :

– T'es grand maintenant, Jean-Luc, tu as réussi. Je peux partir tranquille!

Cet homme que je connaissais depuis toujours[*] et qui en fait n'avait aucun lien de parenté avec moi, était plus qu'un père. Il était ma famille. A un père, on n'ose pas tout lui dire. Mais avec lui je pouvais parler, me confier, pleurer parfois. Il m'écoutait toujours. Un père, c'est sûrement ce qui m'a le plus manqué dans ma vie. J'en ai pourtant vu défiler, des types; les éducateurs, Achour et les autres. Si j'ai manqué d'un père, Yvette, elle,

---

[*] Voir *Cent Familles*, n° 1.

n'a pas manqué de maris. L'intérim de celui que je n'ai jamais connu s'est toujours fait stupidement, connement! C'est sûrement difficile d'assumer un môme qui n'est pas le sien. Mais un gosse c'est fragile, sans défense, à la recherche d'un nid. A la recherche d'une sécurité familiale. Pourquoi Yvette n'a-t-elle pas cherché un mari? Insatiablement elle a accumulé les échecs. Pauvre Yvette! Je t'aime, tu sais!

Souvent je lui ai demandé :

– Alors, comment il était mon père, est-ce que je lui ressemble?

Yvette, le regard tourné inlassablement vers les étoiles, me souriait :

– Mais oui, mon Jean, t'es aussi beau que ton père.

C'est tout. C'est la seule image que j'ai de lui. Alors... pourquoi pas tonton. Il m'a aimé comme un fils. Il pouvait me donner du sourire ou me botter les fesses quand je le méritais. Nous savions, malgré les kilomètres qui nous séparaient, que nous existions, que nous pouvions nous donner du bonheur. Nous avions terriblement besoin l'un de l'autre pour continuer notre chemin. Aujourd'hui j'avance et la sens toujours à mes côtés. Sentiment bizarre. A chaque fois que j'arrive dans ma loge, après mon émission de télé « Lahaye d'honneur » je suis comme le mec qui a arrêté de fumer. Il m'arrive souvent, le soir en voiture, à la maison, dans ma loge où au bureau, de composer sur le clavier le numéro de téléphone de Tonton. Je laisse sonner... et j'écoute. A chaque fois je me fais croire que la magie va opérer et que je vais entendre sa voix!

– Allo!, allo!

Quand il était vivant j'attendais deux sonneries, le temps qu'il traverse la cuisine ou la chambre pour atteindre le couloir. Je sais que tant que je penserai à lui, il ne mourra jamais.

— Allo, Tonton, tu m'entends, c'est Jean-Luc! Tu me manques terriblement tu sais. Ma réussite elle est aussi pour toi. Quand tu seras installé, pense à me garder une petite place à tes côtés... pour plus tard! J'ai quand même fait ma télé ce 5 décembre, alors que je venais de perdre l'être le plus cher de la vie!

Dans notre chambre à Paris, une grande photo de Louis est au mur. Il me regarde souriant – souvenir d'une émission RMC à Marseille. C'est un ami d'Aix, Roger Davaine, qui, apprenant sa mort, me l'a fait parvenir.

L'ACCIDENT

Le 9 décembre 1986, je suis extrêment fatigué et il y a de quoi. Mon planning ressemble à une double page du Larousse. D'une radio à un plateau de télé, de répétition en voyage, je suis partout à la fois. Et justement aujourd'hui, je suis attendu à RMC pour animer l'émission « Chansons Passions », entre 11 heures et midi.

Il est 10 heures, je me rends dans mon box pour choisir une moto. C'est vrai, avant de descendre je ne sais jamais laquelle prendre. Ce matin mon goût s'arrête sur la V-Max jaune et Dieu sait pourquoi; machinalement j'accroche mon casque au bon endroit, c'est-à-dire sur ma tête. C'est exceptionnel, car d'habitude, j'attends d'être dehors.

En attendant que la bécane soit chaude, j'en profite pour faire un « petit pipi » dans un coin du parking. J'ai quand même une pensée pour Margaux. Elle m'accompagne à mes rendez-vous depuis une semaine et ce matin je l'ai lâchement abandonnée. C'est vrai qu'elle n'était pas encore prête et que je suis en retard. D'habitude, je l'habille chaudement de sa pelisse fourrée « made in USA » et l'installe devant moi sur la moto, tandis que ses petites mains s'accrochent au réservoir d'essence.

Tant pis elle viendra demain!

J'enfile la rampe d'accès qui mène à la sortie, je croise dangereusement une voiture qui descend vers les boxes. J'accélère en pensant que je n'aurai pas besoin de mettre la clé dans la serrure électronique et que la porte donnant sur la rue sera encore ouverte. (Si le chauffeur n'a pas traîné, bien entendu.)

Les virages de la rampe sont tellement « serrés » que je n'aperçois pas la porte du garage fermée à moitié. J'essaie de baisser la tête mais le choc est monstrueux, je prends le bas de la porte métallique en plein front, à 50 km/heure.

Je roule sur le côté, knock-out, et la moto continue seule la route au milieu de l'avenue de Saint-Ouen. J'ai du mal à réaliser. Je me relève péniblement dans le noir. Et là, c'est l'angoisse. J'ai oublié que j'ai mis mon casque, je sens un liquide tiède couler sur mon visage. J'ai froid, terriblement froid, tout à coup. J'imagine la scène, ma tête heurtant la porte et moi, le sang qui coule. Oui, c'est certain, je suis décalotté. Je tiens encore debout, mais pour combien de temps? Ma vie ne tient peut-être plus qu'à un fil.

Adieu mes deux filles, ma femme adorée. Je vais mourir. Je ne pleure même pas. Mais je suis encore debout, suis-je déjà mort? Allez, je compte jusqu'à dix! Un, deux, trois...

Toujours adossé au mur, de ma main tremblante, je cherche la minuterie. Ça y est, la lumière s'est faite. Horreur, à mes pieds stagne une flaque de sang. Mon sang. J'approche timidement ma main encore gantée de ma tête. Miracle, une joie intérieure éclate pour venir mouiller mes yeux, je l'ai senti, il est là sur ma tête. Je tombe à genoux et hurle de bonheur en pleurant. Mais le sang par terre, l'angoisse m'envahit à nouveau. Vite, je veux savoir, mais pas seul, non pas seul. Je me plante devant le rideau de fer et frappe avec mes pieds pour avertir quelqu'un, n'importe. Il faut qu'on m'aide. Le gardien est accouru et ouvre la porte métallique. Mon cœur bat vite et fort. Mon sang coule et s'échappe de mon pauvre corps meurtri.

La foule entoure la camionnette toujours bloquée au milieu de l'avenue et cherche désespérément le conducteur de la moto.

– Mais où est-il passé? s'écrient les gens.

J'avance lentement et guette les réactions. Une femme me regarde et porte la main à la bouche pour ne pas crier. J'ai peur! Suis-je si abîmé? Les gens s'approchent me questionnent. Moi, je veux seulement savoir si c'est grave.

– Appelez un médecin! crie un jeune motard qui passait par là.

Je m'approche de la vitrine d'un magasin de chaussures et dans la glace découvre mon visage ensanglanté.

Je me sens un peu mieux et je veux savoir la vérité sans plus attendre. Je fais ce qu'on ne doit jamais faire dans ce cas-là : retirer son casque. Je le retire doucement malgré la désapprobation générale. Quel bonheur, ma peau est lisse et normale. Je me rends à la pharmacie à côté, écartant les gens horrifiés.

– Vite une compresse, de l'eau, de l'alcool, quelque chose!

Le pharmacien ne réagissant pas assez vite, je sors et me dirige seul, vers l'arrière-boutique. Une large plaie apparaît au-dessus de ma lèvre inférieure. J'appelle Aurélie, lui explique et lui demande de prévenir RMC. Quelques minutes plus tard, je la vois arriver en pleurs, en

tee-shirt et culotte alors que nous sommes en plein hiver. Elle se jette dans mes bras :
— Jean-Luc!

J'ai les jambes qui flageolent maintenant, j'ai dû perdre un demi-litre de sang. Il est maintenant 11 h 15. Je descends dans le box, enfourche une autre bécane, récupère au passage mon pauvre casque bien abîmé; laissant à Aurélie, toujours à poil, le soin d'établir le constat, de faire remorquer la moto, de rassurer le gardien et le pharmacien.
J'arriverai à la station à 11 h 30. J'animerai trente minutes d'émission et c'est à la clinique Marignan que je me ferai recoudre. Très mal d'ailleurs, très mauvais travail : depuis je conserve une vilaine cicatrice, ornée de 8 points de suture.

16 DÉCEMBRE 1986

Antenne 2 présente « Donne-moi la main ».

Une coproduction A2/RTL avec le concours de la PQR, la fondation « Cent Familles » et la Fondation de France.

En direct de « l'Empire » de 20 h 35 à 00 h 30 (minimum).

Une émission proposée par Dominique Cantien, présentée par Christophe Dechavanne, avec Jean-Luc Lahaye et Julien Lepers; préparé par Blandine Guihot, réalisée par Gilles Amado.

Multiplex avec les 9 régions et avec 9 animateurs de RTL.

Puisqu'on m'imposait Dechavanne, à mon tour j'imposai Yves Mourousi que j'adore. Hurlements de la direction de la chaîne :

– Comment? Prendre un journaliste vedette de la chaîne concurrente?

J'argumentais qu'Yves avait des solutions pour le bénévolat d'entreprise. Je comptais de nombreux amis industriels. De plus, Yves se sentait concerné par la Fonda. Il y venait, lui, à Clichy, contrairement à Dechavanne.

Un dimanche après-midi, il a même débarqué avec Véronique, sa femme qui portait sa petite Sophie dans son couffin. Sur une table de la salle à manger, il a déposé un morceau de gâteau. Malheureusement, les enfants étaient partis en week-end. Yves et Véro étaient profondément déçus. Les quelques éducateurs qui restaient dans la maison sont venus les rejoindre, ils ont beaucoup parlé. Le lundi qui suivait, tout le monde était au courant de la gentillesse d'Yves et de Véro.

Jamais on n'avait vu autant d'artistes réunis pour une émission de télévision. Les répétitions s'étalèrent sur quatre jours. Mes copains de la société ERE FORCE éclairèrent la nuit à l'aide d'énormes projecteurs. L'avenue de Wagram était barrée à chaque bout.

Ce soir-là, j'avais la foi. Il fallait absolument que je gagne. L'enjeu était trop important et des milliers de mômes attendaient suspendus à nos rêves.

On m'avait conseillé de porter une veste pour assumer la soirée. Je ne sentais pas ce look. J'ai préféré ressortir mon vieux pull noir, celui avec lequel j'avais chanté pendant l'Olympia de janvier. Après les premières minutes de l'émission j'ai su que c'était gagné. Le message passait, la fièvre montait.

Jeanne Mas n'était pas contente, elle. Stéphanie avait chanté avant. Mais peu importe, elle était là et c'était le principal. Dalida attendait patiemment dans les couloirs, assise devant un écran témoin, avec une petite laine posée sur ses épaules. Déjà, elle semblait résignée...

Johnny est arrivé, heureux d'être avec nous. Il m'a fait la bise en me disant combien il admirait notre combat.

En coulisses, j'avais installé quatre baby-foot Bonzini pour aider les artistes à patienter. La fièvre montait toujours, encouragée par Yves Mourousi, qui arrachait courageusement des chèques aux mécènes-entreprises. Lui aussi voulait que nous réussissions. Julien Lepers y mettait tout son cœur. Il vibrait en annonçant les scores de telle ou telle région.

Au milieu de la soirée, je découvris l'abbé Pierre, discrètement assis au 15e rang. Je me suis avancé vers lui. La caméra nous filmait. Il m'a raconté, comme ça, pour moi tout seul, alors que tout le monde retenait son souffle pour entendre, l'histoire d'un jeune homme condamné par la misère qui tua son père alcoolique. L'abbé Pierre éclata en sanglots. L'émotion était trop forte, presque insoutenable, et puis, tel un apôtre de Jésus, il s'est levé, a remis son béret sur sa tête et s'en est allé en remontant l'allée centrale. La salle était debout et l'acclamait. J'avais la gorge nouée. Il m'était difficile d'enchaîner dans ces conditions.

L'émission a été un triomphe et les conséquences importantes pour tout le monde.

Le total des sommes reçues a frôlé les vingt millions de francs. Le lendemain et les jours suivants, 140 articles ont paru dans les journaux et les magazines. C'était la réussite totale. Jamais un appel de fonds par l'intermédiaire de la télévision n'avait récolté autant d'argent.

C'était l'adhésion entière de tous les gens de bonne volonté. A une heure du matin, nous battions encore des records d'écoute.

C'était une nouvelle victoire en faveur des mômes.

Quand ils ont effectué le transfert des neufs sacs postaux dans le « Santana » rouge, Patrick et Samuel ont été pris d'un sérieux fou rire. Ils roulaient sur le périphérique nord en direction de la Celle-Saint-Cloud, avec vingt millions de francs entassés à l'arrière du 4 × 4 bâché.

– Il ne faudrait pas que la capote s'envole, nous aurions un feu d'artifice de chèques de toutes les couleurs.

Le directeur de la BNP et ses collaborateurs attendaient la voiture à l'entrée de service. Immédiatement chacun se saisit d'un sac pour le descendre dans la salle des coffres.

– Neuf sacs annonça le directeur. Monsieux Rouxel, signez le reçu, s'il vous plaît.

La valeur sentimentale autant que financière de ces chèques entassés au fond d'une cave blindée était inestimable. Mais le poids des sacs était bien léger, par rapport à la prise de conscience déclenchée auprès des « professionnels du social. »

Avec Patrick, nous avions remis en cause « une façon de faire établie »! Non pas parce qu'elle était mauvaise, j'en avais moi-même profité; mais elle était enlisée, étouffée par ses habitudes!

Le 2 décembre à vingt heures, se réunissait le conseil d'administration au siège social à Clichy, qui vota la construction d'un comité de surveillance des fonds, représenté par Mme Danièle Noir, Jean-Marc Divisa, Julien Bouniol et Jean-Claude Motier.

Trois semaines plus tard la nouvelle assemblée était opérationnelle.

Pendant les mois de janvier et de février 1987, Mauricette effectua des prises de contact avec les DDASS des régions qui avaient été choisies pour notre implantation.

Les réponses apportées par les responsables étaient pratiquement toujours les mêmes : « Les besoins en matière d'accueil sont couverts! »

Nous ressentions de la part de l'administration un

rejet; aussi bien sur le plan matériel que philosophique. Il y a des « tabous » qu'il ne faut pas égratigner, le social en est un !

Partout et sans aucune explication, les portes nous ont été claquées au nez. Seul le département des Hauts-de-Seine, par l'entremise de son directeur M. Julien Bouniol qui nous avait écoutés et compris, avait cautionné et subventionné notre action.
Les travailleurs sociaux jubilaient, se réunissant, plus pour faire le procès de la Fondation, que pour se remettre en question.
Au lieu de construire avec nous, ils choisissaient de nous mettre en « quarantaine ».
Soit. Il nous faudrait passer outre et exister par nous-mêmes.
Les mômes nous attendaient et les gens croyaient en nous. Dans le contrat qui nous liait avec le public depuis le 16 décembre, nous avions exposé notre plan d'investissement :
– Chaque ambassade devait nous coûter 600 000 francs de travaux et 2 400 000 de dépenses d'intendance pour la première année d'intendance. Dès la deuxième année, l'administration devait prendre le relais avec un prix de journée offert à chaque enfant que nous hébergerions. C'était normal et courant.
Malheureusement, voici en quelques lignes, le résultat des investigations obtenues, malgré les relances et la multiplication des contacts et des rendez-vous.

Juvigny-sur-l'Oison le 17 mars 1987.
Rencontre avec le président du conseil général qui nous confirme son courrier du 10 février :
« *Nous vous suggérons de porter une attention particulière*

à la situation des jeunes enfants handicapés dépendant de nos services. Le département est totalement dépourvu de structures pour les accueillir. »

Le Conseil d'administration de la Fondation est d'accord, une réunion à lieu le 25 juin 1987 avec le préfet de la Meuse, le président du conseil général et différents partenaires sociaux.

Le projet d'installation d'un IME est envisagé. Cependant, le dossier traîne, le préfet hésite maintenant...

Nous relançons nos partenaires en septembre. La réponse interviendra en décembre 1987 : « Infaisabilité du projet! »

Marseille. La réponse de la Direction des Interventions sociales et sanitaires est plus nuancée :

« *Les besoins de l'enfance sont couverts, seul créneau possible, les adolescents en difficulté.* »

C'est bien, la proposition rejoint le but de la fondation.

Malheureusement, par la suite on nous demandera d'intervenir sur le plan matériel, en subventionnant une structure déjà existante, en apportant une somme de 5 millions de francs pour réhabiliter les locaux.

On veut faire de nous des banquiers.

Des propositions similaires nous sont faites par des associations du nord et du sud-ouest de la France. Nous recevrons les intéressés mais nous ne donnerons pas suite.

Lorient. Le Conseil général accuse réception de notre lettre d'information et nous signale que les besoins en matière d'accueil sont couverts. Le seul « créneau » possible, selon eux, est l'enfance handicapée. La remise en état des locaux offerts par la municipalité se monte à 5 millions de francs. Nous sommes très loin des 600 000 francs envisagés au départ.

Notre assemblée générale du mois de mai décide d'abandonner l'offre de la municipalité et de construire un bâtiment pour y installer une classe de mer, sans le concours de l'administration.

Lyon. Je serai bref! Pour des motifs que je préfère ne pas connaître, la municipalité nous a repris les clés de la maison Blanchoud en janvier 1988; après que le maire M. Francisque Collomb nous eut donné sa bénédiction en novembre 1986 et que l'administration eut refusé tous nos projets proposés.

Qu'à cela ne tienne, nous n'en resterons pas là, tout au moins en ce qui concerne notre implantation prochaine dans cette belle région. En ce qui concerne la polémique, nous préférons laisser ça aux politicards!

Verdun-sur-Garonne. La réponse de la DDASS étant calquée sur les autres départements, nous préférons geler notre action jusqu'à l'année prochaine. En effet, il est très difficile de mener de front l'implantation de huit maisons en même temps. Au risque de faire du mauvais travail.

Boulogne-sur-Mer. Je n'ai pas besoin de rappeler ici la réponse de l'administration. Par contre, M. Guy Lengagne, souhaitant notre implantation, nous a fait la proposition suivante : reconstruction de la maison de jeunes du Chemin-Vert.

Nous n'avons formulé aucun commentaire pour l'instant.

Nevers. C'est la municipalité, par honnêteté, qui nous a proposé de suspendre provisoirement notre entreprise dans le département. Celui-ci, depuis la décentralisation, est dans l'obligation de n'accepter que les enfants de la Nièvre.

La Coquille. Ayant obtenu comme il se doit un refus catégorique d'une aide financière possible, par le département de la Dordogne, nous avons choisi l'auto-financement. Les travaux sont en cours, comme à Juvigny et à Lorient, et nous permettront d'ouvrir très prochainement un centre de vacances ouvert à tous les enfants déshérités.

La situation n'est nullement désespérée, l'équipe, au contraire, est stimulée pour se battre et motivée pour construire un univers meilleur pour les mômes. Nos moyens seront ceux que vous voudrez bien nous donner. Notre satisfaction trouvera ses racines dans le bonheur de partager la réalisation de nos projets avec vous. Une petite étoile brille dans le ciel, symbole d'espoir pour les enfants qui attendent; demain trois autres étoiles vont s'allumer rien que pour eux. Et ce n'est pas fini. Nous mettrons une ou deux années de plus mais nous y arriverons.

1987

A la suite des quelques jours de vacances bien mérités que je me suis octroyé aux Antilles avec ma famille, je reviens en pleine forme pour remettre mon costume de « chanteur »!

« Djemila » sera mon prochain disque. Une musique orientale sur un tempo de rock and roll; on appelle ça du « raï ». C'est nouveau, ça swingue et le texte est sympa. Pour l'enregistrer, j'ai fait appel à des musiciens du nord de l'Afrique, avec leurs instruments typiques. Cyril Assous est aux commandes.

Pour le présenter au public, j'ai tourné un clip à « Barbès », dans les quartiers chauds de la capitale. Et pourtant il faisait horriblement froid ce jour-là! Cyril Neveu, qui est un ami, a participé au tournage et Ludo, chargé du repérage des lieux, nous a proposé de tourner dans la rue où deux ans plus tôt, Claude Berri filmait « Tchao Pantin ». Pour nous qui étions des amis de Coluche, c'était émouvant.

Le disque a été bien reçu par le public et son entrée au top 50 s'est faite rapidement. De toute façon, il me fallait un tube pour partir en tournée.

J'ai passé le mois de février à répéter au studio Vitamine avec mes musiciens. Six semaines de voyages, ça se prépare. En même temps, j'accomplis la promo habituelle de mon dernier 45 tours : « Numéro 1 », avec les Carpentier, et je présente ma fille Margaux au public par l'intermédiaire de *Paris-Match*! J'avais longtemps hésité. Mais, là, à cause de la « Fonda », je devais me découvrir.

Jusque-là, je n'avais connu des tournées que les premières parties ou la vedette américaine; cette fois, je montais en première ligne. Ce n'était pas pour me déplaire, j'allais enfin découvrir mon public. Seul sous le feu des projecteurs, fébrile jusqu'à la première mesure, toujours prêt à donner le meilleur de moi-même, je voulais gagner.

Une tournée, quand c'est la vôtre, c'est toujours de votre faute. Il n'est pas question de reporter sur tel ou tel autre le poids des responsabilités. On est le seul maître à bord de l'équipe doit vous être acquise du début jusqu'à la fin.

Le producteur de la tournée avait misé gros et rien n'était laissé au hasard. Le môme de la DDASS et de toutes les galères se retrouvait aujourd'hui, après seulement cinq ans de métier, accompagné d'une cinquantaine de personnes, musiciens, techniciens, chauffeurs, cuisiniers, coiffeur et maquilleuse, tous unis pour le meilleur.

Le pire, c'était les voyages toujours pressés; les nuits trop froides loin de ma famille; l'attente devant la salle qui doit se remplir. Dans ces moments-là, on ferme les yeux tout simplement. De ville en ville, d'histoire en histoire, je construisais mon avenir.

A Douai, j'ai chanté dans une usine désaffectée, immense et glaciale, un hangar qui recevait jadis les locomotives à vapeur en réparation. Des palans et des ponts aériens sillonnaient le plafond.

Un décor de cinéma américain des années 30!

Il faisait terriblement froid. La tempête s'était levée vers 15 heures et le sol était déjà recouvert de 20 centimètres de neige. Nous étions en avance et je décidais de me reposer. Quelques caravanes avaient été éparpillées derrière la scène pour servir de loges. Je préférais m'asseoir par terre, emmitouflé dans mon grand manteau noir à boutons dorés.

En vérité, je m'endormis, happé par les ombres du destin.

J'ai dû dormir ainsi une demi-heure, une heure peut-être. Quand je me réveillai, à mon grand étonnement, j'étais entouré d'une dizaine de fans, dont Marie-Thé et Beaux-yeux, qui avaient allumé un feu de camp à mes pieds et posé une énorme couverture de laine sur mes épaules pour éviter que j'attrape froid.

– Tiens, Jean-Luc, nous t'avons préparé un thé au lait brûlant pour te réchauffer!

Elles étaient là, autour de moi, assises en tailleur. J'émergeais tout doucement de mon engourdissement en plongeant mes lèvres dans le liquide brûlant. J'étais bien! De toute mon âme, je les remerciais. Elles étaient là, fidèles à leur amitié, sans parler et guettant un sourire.

– Merci les filles, vous êtes super!

Je me levai et fis quelques pas à l'extérieur, pour voir où en était la tempête. J'avais relevé mon col et les mains croisées derrière le dos, j'avançais dans la neige. La nuit était tombée, créant une ambiance feutrée et silencieuse.

Plus tard, alors que nous reparlions de cet instant inoubliable avec mes musiciens, l'un d'eux me lança :
– Tu sais, avec ton grand manteau portant des épaulettes militaires de cavalerie, tu ressemblais à Napoléon après la victoire d'Austerlitz!

L'image était juste : une tournée, c'est comme une campagne. Mais il n'est pas question d'en faire une retraite. D'ailleurs, je me vois très mal chanteur à Sainte-Hélène !

Deux nanas qui vous suivent par leurs propres moyens pendant six semaines, après avoir quitté leur famille en emportant leur petit baluchon sur l'épaule, c'est sympa! Quand elles s'appellent Marie-Thé et Beaux-yeux et qu'au terme du voyage elles vous envoient un rapport complet avec observations sur la tournée et sur votre comportement.

Je trouve intéressant de vous le faire partager.

LYON

Nous nous donnons à fond durant le concert malgré quelques remontrances du service d'ordre. 22 h 45. C'est déjà terminé? Dommage! Nous sortons pour te retrouver. Évidemment tu pars de l'autre côté.

Appréciations
Concert : Bien
Public : Très bon contact entre toi et le public.
Coulisses : rien vu.
Note globale : 18/20

LILLE

21 h 30, on arrive, tu nous remarques. Le concert se

passe dans la joie. A la sortie, nous te servons de garde du corps. On fait tous les emplois!!! On va dîner. 3 h 10. Tu arrives enfin, en ameutant le quartier.

Appréciation
  Concert : Bien
  Public : Hystérique
  Coulisses : rien vu.
  Note globale : 15/20

SAINT-QUENTIN
  Tout va pour le mieux entre toi et le public.

Appréciations
  Concert : Super.
  Public : Super
  Coulisses : rien vu.
  Note globale : 18/20

C'est Coluche le premier qui est intervenu auprès du gouvernement pour demander qu'on favorise le régime fiscal des « dons » et du « sponsoring ».

Un premier pas a été fait dans la bonne direction, il convient maintenant de continuer.

Les associations qui ne bénéficiaient pas de l'aide des particuliers ou des entreprises sont vouées à l'échec.

L'association à but social et humanitaire se doit de garder sa liberté et c'est une chose difficile quand la totalité des fonds utilisés provient exclusivement de l'administration.

En ce qui concerne la Fondation, c'est loin d'être le cas. A part l'ambassade de Clichy, qui reçoit du département des Hauts-de-Seine un prix de journée par enfant, toutes les initiatives développées sont le fruit d'un travail de marketing auprès des entreprises et des particuliers. Les experts américains appelle cela « charity promotion ».

En terme de communication, il s'agit de ramener l'argent nécessaire pour financer et continuer notre œuvre en faveur des enfants déshérités, sans pour autant abîmer notre image. C'est ainsi que différentes actions ont été menées conjointement avec Mazda, Uncle Ben's (en association avec Médecins sans frontière et Unicef), Flodor, Maxwell, Elle et Vire, les 3 Suisses, Lee Cooper, la BNP, Euromarché, Marie-Claire, Cent Idées, Casino, des partenaires qui s'engagent à long terme pour les enfants déshérités. Mais il existe également des actions individuelles, comme les commerçants de Paimpol, qui durant deux semaines vont reverser une partie de leur bénéfice à la Fondation pour que nous achetions huit ordinateurs pour les mômes.

Ou bien encore, le groupement des entreprises du bâtiment de Toulouse et sa région, qui durant le salon de l'habitat symboliquement vend des briques pour que l'argent récolté participe à la rénovation d'une ambassade.

Le centre commercial Saint-Denis II près de Lyon, qui organise un concours photo avec le « Progrès » et demande aux enfants de 80 écoles d'envoyer une rédaction dont le thème est : « Lyon, la ville et l'enfant ! »

Skay-Rock, la radio FM, qui avec Géraldine organisera dans les Halles à Paris une « Fête de la musique pour les enfants » : déguisements, promenades sur poneys, et danses sur un immense podium !

Les groupes folkloriques de Bayonne qui nous remettent un chèque de 35 000 francs ; produit d'une énorme manifestation organisée en notre honneur. Des dizaines d'opérations de petites et moyennes envergures, qui sont le fruit de l'imagination des gens qui viennent agrandir notre longue chaîne de solidarité. Tous sont les bienvenus.

Il nous faut beaucoup plus compter sur nous-mêmes, sur les particuliers et les entreprises, plutôt que sur l'État.

Notre avenir est lié à notre engagement philosophique, matériel et commercial. Si nous voulons apporter un soutien moral et physique aux gens qui en ont besoin, il nous faudra obéir à la loi de la communication et développer « nos idées »!

Nous intervenons également dans des opérations de prestige qui sont prises totalement en charge par des marques réputées :
- 24 Heures du Mans moto,
- Bol d'Or,
- Paris-Dakar.

Notre nom et notre sigle sont portés par les concurrents qui représentent Kawasaki, Maxwell ou d'autres.

Ces courses nous permettent de nous visualiser auprès du grand public, mais également de recevoir de l'argent des intéressés.

- Merci Jean-Claude Chemarin notre Team Manager au grand cœur. Pour le match de rugby France-Irlande qui avait lieu au Parc des Princes, Lee Cooper nous avait fait parvenir des billets pour les mômes. Sam', qui est très amateur de ce sport, pour être originaire du pays du « rubi », avait tassé à l'arrière de son 4x4 décapoté, Alain, Suzana, Dipage, Marc et Isabelle. C'était la fête pour eux et elle continue quand ils furent invités à déjeuner au « village » des sportifs. Cela, le trois quart français, leur donna même un cours approfondi sur la technique et les règles du rugby. Si bien que pendant toute la partie, les mômes debout criaient : « Allez Cella! Allez Cella! ».

Il leur a permis de venir les voir à Clichy un jour prochain, nous l'attendons!

RTL est classée première radio périphérique française. Pourtant, encore de nos jours, le sud préfère RMC. C'est agaçant pour les dirigeants de RTL qu'on puisse ainsi bouder, et Monique Le Marcy, directrice de programmes m'avait demandé d'animer sur « un spécial Pau » avec Fabrice au théâtre municipal.

Toute la ville était placardée de grandes affiches, invitant les gens à venir participer à l'émission en direct. En guise de public, on se contentera du quart du premier rang rempli par 10 de mes fans. La salle était affreusement vide! Qu'à cela ne tienne l'émission aurait lieu, pour la circonstance un buffet avait été dressé au fond, près de la sortie de secours. Fabrice demanda qu'on nous amène quelques bouteilles de Jurançon qui traînaient sur la table et de quoi saucissonner. Il fallait créer l'ambiance. Si bien qu'au bout de trente minutes d'émission le petit père Fabrice était bien éméché.

Il criait dans le micro tout en nous faisant la démonstration d'un double saut périlleux. Les auditeurs devaient penser que nous étions cinq cents personnes pour faire un boucan pareil. Comme je trinquais un peu trop souvent avec les musiciens, je commençais à ressentir une douce chaleur. Si bien que pour chanter « Il faudrait que tu reviennes », j'ai dû m'y reprendre à quatre fois.

Fabrice avait tombé la veste et moi la chemise, je chantais torse nu.

Nous avons fini l'émission en slip à bronzer sous les

spots. Comme il fallait s'y attendre, nous avons loupé l'avion de retour vers Paris. La seule possibilité pour rentrer, c'était d'attraper le dernier vol de Toulouse.

Un type nous a proposé de profiter de son monomoteur :

– Je suis pilote, si vous voulez, je vous emmène.

C'était bien sympathique de sa part, surtout que le lendemain matin, je devais participer à l'enregistrement d'une émission de télévision. Il n'était pas question pour moi de coucher dans le coin. Gérard m'accompagnait, et c'est ensemble que nous nous installâmes à l'arrière du petit avion. Le type a vérifié ses appareils. Tout était normal. C'est quand il a consulté un bouquin pour réviser les manœuvres que je me suis un peu inquiété.

– Dites-moi, euh, c'est comment déjà votre prénom ?... oui Robert ; c'est ça, vous êtes sûr de... que vous n'avez pas de problème ?

Robert se retourna, retira son casque radio pour mieux nous répondre :

– Simple routine, ne vous inquiétez pas !

Et bien si, j'étais terriblement tourmenté :

– Ça va Gérard ?

Ma grimace l'empêcha d'avaler sa salive. Il sortit un Kleenex de sa poche intérieure et s'essuya les mains. Après avoir demandé l'autorisation de s'engager sur la piste à la tour de contrôle, l'avion se présenta face au vent.

Vrombissement du moteur poussé au maximum de sa puissance et décollage... difficile.

Il était évident que le propriétaire du zinc n'était pas un expert. C'est toujours dans ces moments-là qu'on a envie de pisser, mais vu la hauteur, il n'était pas question de sortir. Et pourtant, c'est bien ce qui a failli nous arriver.

La porte s'est brusquement arrachée dans un vacarme effrayant. Le vent s'est engouffré à l'intérieur de l'avion, l'obligeant à piquer vers le sol.

Le pilote criait, succombant à la panique. Gérard, couleur anthracite, n'ouvrait même pas la bouche, il attendait la mort avec résignation. Je sentais mes boyaux se liquéfier et se tordre de douleur. Je luttais contre la peur.

– Robert, merde, reprenez-vous bon dieu! Reprenez-vous. Faites quelque chose!

Je ne parlais pas, je gueulais. Il reprit ses esprits et réussit à redresser l'avion pour enfin le poser sur une petite route de campagne. Nous avions frôlé la catastrophe.

Pour la télé du lendemain, c'était foutu!

Nous décidâmes de coucher à Montauban. Bien organisés, nous pouvions prendre le premier vol de 7 heures du matin.

Après avoir dîné au restaurant de l'hôtel, je proposai à Gérard une promenade à pied à travers la ville. Il était environ 22 heures.

C'est en traversant le pont qui enjambe la Garonne que nous avons été interpellés par une bande de Skinheads, une vingtaine environ. Tous aussi « crad » les uns que les autres. Un rouquin « craignos » s'approcha de moi :

– Il est « good » ton perfecto, retire-le que j' l'essaye!

Le type avait joint les gestes à la parole et avançait son index pour me caresser la joue. La bande nous entourait déjà.

– Dis donc, je t'ai parlé! Tu m' le files ton blouson, ou j' te fous la main dans la gueule?

Le rouquin n'a pas eu le temps de continuer que déjà je lui avais écrasé le nez d'un coup de tête. Le sang giclait sur le goudron. Je n'avais pas attendu, considérant que la meilleure défense c'était l'attaque. J'ai tapé dans le tas, à coups de pied, de poings. Quelques mecs avaient cassé leur canette de bière et s'avançaient vers moi pour m'étriper.

Je reculai jusqu'à une barraque de chantier où je me saisis d'un pic métallique, qui servait à baliser les travaux.

– Allez les mecs, avancez!

J'étais comme fou. Je ressentais toutes les angoisses que j'avais vécues quelques heures auparavant dans l'avion. Gérard criait :

– Arrête Jean-Luc, arrête! Les skins se sont enfuis!

Le lendemain dans le journal on pouvait lire : « Papa chanteur, papa boxeur! »

MISS POUBELLE

Une fois par mois à Paris, il existe ce qu'on appelle les « monstres ». Vous avez l'autorisation de descendre sur le trottoir tous les meubles ou objets encombrants dont vous voulez vous débarrasser. En ce qui me concerne ce serait plutôt le contraire, j'adore les vieilles choses et je ne manque jamais cette nuit-là. Il faut être le premier sur les lieux pour « chiner » et trouver ce qui vous intéresse. Et il y a du monde sur le coup; collectionneurs, ferrailleurs, brocanteurs et au petit matin, le ramassage des éboueurs professionnels. J'ai mes coins privilégiés; un peu comme les chercheurs de champignons. Les beaux quartiers sont souvent très riches en surprises. Cette fois-là, avec Mitsou autre connaisseur, avenue Henri-Martin j'avais déniché sous une tonne de vieux matelas, un poêle à mazout et une authentique paire de skis en bois datant des années 30. Va pour le poêle, je le laisse aux retardataires. Par contre ma trouvaille, « Hyper rare », avec Mitsou, nous l'embarquons illico presto.

Je ne sais pas s'il vous est arrivé de croiser un mec à quatre heures du matin, avec une paire de skis sur l'épaule, en plein mois de mai, mais ça fait désordre.

Surtout quand « ledit » mec est habillé d'un jean et d'un perfecto.

C'est immédiatement ce qu'a pensé le chef de brigade qui patrouillait dans le coin. « C'est bizarre! » La voiture de police s'est arrêtée près de nous et quatre gros malabards armés en sont descendus :

– Qu'est-ce que vous foutez là?

– Vous voyez bien, nous recherchons les remonte-pentes!

Le plus maigre des gros s'est approché et nous a braqué dans le faisceau de sa lampe-torche dans la figure.

– Z' avez vos papiers?

Pas de peau Polo!

– T'as tes papiers Mits', parce que moi je suis parti sans rien!

Le chef s'est approché encore plus près et de sa bouche tordue d'où s'échappait une mauvaise odeur de grand collecteur parfumée à l'ail et au beurre d'escargot, me cracha au visage :

– Pas de papiers? Alors au trou!

Il se retourna vers ses collègues « prêt à tout » et les pria de nous embarquer séance tenante.

Pourtant, je m'accrochai des deux mains à ma notoriété et à mes deux skis qui commençaient à me peser lourd sur la conscience.

Mitsou leur lâcha au moment où ils nous poussaient vers la camionnette :

– Vous voyez pas que c'est Jean-Luc Lahaye?

On nous fit passer la nuit dans la cage du commissariat de la rue Longchamp, à cinquante mètres de mon ancien domicile.

Aurélie était au cent coups!

C'est seulement au petit matin qu'ils ont daigné lui

téléphoner, après qu'un « képi », qui venait prendre la relève, m'ait presque reconnu.

Nous avons partagé le petit déjeuner avec l'équipe de choc et j'ai signé des autographes jusqu'à l'arrivée d'Aurélie.

– C'est quoi, ce machin-là ? »
– C'est ton cadeau de Noël, ma chérie!

SOS RACISME

La route est longue et l'on se retrouve toujours. C'était en 1985. Un lieutenant (parachutiste) de M. Jean-Marie Le Pen avait téléphoné à Pierre Lumbroso pour que je chante à la fête annuelle du Front National.

— Mais cela va vous coûter horriblement cher, peut-être dans les deux cent mille francs, avait-il répondu!

Quand Pierre me fit part de la demande du Front National, je ne pus m'empêcher d'augmenter les enchères.

— Rappelle le type, c'est quatre cent mille francs maintenant!

La réponse ne se fit pas attendre, et quand je décrochai le combiné, j'eus la surprise d'entendre la douce voix de M. Le Pen lui-même :

— Dites-donc, vous n'exagérez pas un petit peu? Quatre cent mille francs, et pourquoi pas cinq cents pendant que vous y êtes!

— Et, bien Monsieur Jean-Marie Le Pen, vous ne croyez pas si bien dire, car c'est le chiffre que j'allais vous proposer et vous savez pourquoi? Non? pour en faire don à SOS Racisme!

Nous avons raccroché en même temps! Je n'en ai parlé à personne jusqu'à aujourd'hui et j'ai eu la surprise agréable d'être sollicité par mon camarade Harlem Désir pour que j'anime la fête en couleurs du 20 juin 1987 à l'esplanade de Vincennes. J'ai accepté, bien entendu. Et je ne pourrai m'empêcher de penser à la même fête organisée deux ans auparavant pour la même cause et dont Mimi dit Coluche était le chef d'orchestre des « porte-parole » du show-biz.

Entre autres sur le plateau immense, j'ai pu annoncer Patrick Bruel, Philippe Lavil, Julien Clerc, Thierry Ardisson, et tant d'autres...

Cette fois-là, j'ai fait la connaissance de M. Jack Lang, encore très près des artistes malgré son changement de responsabilité. Il nous a félicité et encouragé, Patrick et moi, pour notre action menée en faveur des enfants déshérités.

– Vous voyez, dans ce château, j'ai organisé il y a douze ans, une soirée théâtrale avec des orphelins et pour des orphelins. Vous étiez très jeune Jean-Luc à l'époque, mais vous auriez pu être parmi ces enfants!

Nous avons échangé nos adresses en même temps que quelques propos sur l'avenir et nous nous sommes quittés en nous promettant de nous revoir bientôt. Cette nuit la musique a été une réussite totale. L'ambiance était partout; dans la rue, dans les cafés; dans les maisons. Une vraie marée humaine se déplaçait à travers la ville. Les places étaient chères devant le podium. Pour la gagner, il fallut venir tôt le matin avec sa cantine et son duvet. Mais comme toujours, dans les manifestations organisées par « Touche pas à mon pote », la solidarité marche à fond.

On est là pour la musique, rien que pour la musique, la couleur de la peau n'ayant aucune importance. C'est ça le merveilleux.

LES MÉMOIRES DE FRED

L'automne s'est installé, donnant au paysage de nouvelles couleurs.

Les gamins ont repris le chemin de l'école et l'ambassade de Clichy s'est remplie à nouveau de cris de joie. Chacun a repris sa place, chaque chose son importance.

L'histoire continue. Des photos se succèdent dans les mémoires et remplissent le puzzle.

Petit enfant de l'adultère, victime d'un faux amour éteint. Kevin a retrouvé une famille, lui qui venait du bout du monde, oublié par sa mère et rejeté par son père.

Sarah, l'enfant prodige, le bébé qui nous a tous fait craquer, petits et grands, nous a jeté quelques sourires et s'est enfuie, laissant derrière elle une Cécile en mal d'amour. Elle, qui s'était dévouée corps et âme, nuit et jour, pour que vive ce petit oiseau fragile. Cécile n'a pu supporter la séparation. Elle est partie, nous laissant à chacun un goût de miel. Il s'en est passé des choses. Et que seraient devenus ces mômes en mal d'affection si nous ne leur avions pas tendu la main ?

J'ai laissé ma moto dans la cour, devant l'arbre de paix. Il est midi, j'ai besoin de voir et d'entendre les

« enfants ». J'ai poussé la porte de la salle à manger; aussitôt, le bruit des cuillères et des assiettes a rempli tout mon être. Le bonheur jaillissait dans les rires et les cris. Ils m'ont vu :
— Bonjour Jean-Luc!

Je les aime, ces mômes. Je les ai embrassés tous, un par un. Cha-cha, debout sur sa chaise et la serviette en bataille.
— Alors, Cha-cha, tu t'habilles pas en fille aujourd'hui?
— Non Zan-Luc, ozourdui ze suis santeur!

Fred est assis au fond de la salle, face aux jumeaux de dix-huit mois et les barbouille à la petite cuillère de petits suisses à la fraise :
— Ça va Fred?
— Ça va Jean-Luc!
— Tout est prêt pour la fête?
— Ouhai, ouhai! Quand les enfants auront fini de déjeuner, on pousse les tables et on s'installe!

Je jette un regard au hasard dans la pièce, histoire de mesurer le travail. Mes yeux se posent sur le portrait de mon ami Coluche, accroché au-dessus du piano. Instinctivement, je me lève et me dirige vers lui. D'une main, je plaque un accord sur le clavier :
— Salut vieux! Ça va pour toi là-haut? Ici la vie continue, mais tu nous manques!

Bientôt, je suis entouré par les enfants; ils ne comprennent pas bien ma soudaine nostalgie, mais respectent mon silence. Je plaque un second accord, puis un troisième. Sans m'en rendre compte, je joue la mélodie de « Papa chanteur ». Soudain, une petite voix pure comme le cristal monte doucement vers les cieux. C'est Magali, elle chante et nous chantons tous avec elle. Marcel et Muriel ont quitté leur cuisine pour chanter avec nous. Fred est debout, Ange-Betty dans les bras. Chaque visage s'illumine d'un sourire heureux. C'est notre famille! C'est notre réussite à tous. Notre satisfaction, c'est de pouvoir nous souvenir et d'en parler entre nous, seulement pour justifier notre combat et mesurer le chemin parcouru.

Cet homme et cette femme, rejetés par la société avaient sombré dans l'alcoolisme. Lui, le père, avait eu le courage de nous amener son enfant de trois ans:
— Ma femme et moi, nous sommes devenus incapables d'assumer notre rôle de parents.
Il avait eu la force de comprendre que ce petit être n'y était pour rien et qu'il fallait le préserver. Que son enfant serait sa propre suite et qu'il était sa plus grande richesse. Les mois ont passé et un jour le couple est revenu. Ils travaillaient, avaient retrouvé le goût de vivre et de nouveau étaient prêts à recevoir leur enfant dans ce petit appartement qu'ils avaient décoré pour son retour.

Et cette mère célibataire, qui, l'accouchement passé, nous faisait porter son enfant de trois jours, incapable de l'accepter, parce que seule et désespérée. Après trois semaines de séparation avec son bébé, elle reviendra. D'abord, pour lui faire sa toilette et puis pour lui donner son biberon. Ses visites deviendront de plus en plus fréquentes jusqu'à l'instant où se déclenchera son instinct maternel. Elle repartira un soir avec le fruit de cet amour passager, mais en l'ayant accepté comme sa propre raison d'exister.
Aujourd'hui, il nous reste une affaire importante à régler. Daly, Lili et Ange-Betty sont orphelins de mère.

Leur père est recherché. Il a crié que s'il devait retourner en prison, il viendrait à Clichy et tuerait ses enfants.

Lili, la plus grande, a compris. Brutalisée et bousculée par un père qui frise la démence, elle sait, et pourtant elle n'a que onze ans. La directrice de l'école dit qu'elle travaille bien et devrait s'en sortir. Dally, qui n'a que six ans, ne quitte jamais sa sœur. Son regard n'a pas encore d'avenir. Il ne vit qu'au présent comme un jeune animal traqué. C'est loin du monde qu'il est heureux. Ange-Betty, après un départ difficile, est arrivée chez nous à l'âge de neuf mois. Elle s'épanouit de jour en jour.

Nous avons choisi de nous battre jusqu'au bout pour que ces enfants puissent un jour vivre en parfaite harmonie, ce qu'ils méritent de plein droit.

La Fonda s'engage auprès des mômes afin qu'on les respecte et qu'on les aime.

Je suis chanteur, un passager du monde, un être fait de chair et de sang mais dont l'histoire a voulu qu'il passe un peu trop souvent par la case départ.

J'aime la vie, les gens, mais surtout les enfants.

ANNEXES

LA FONDA

MEMBRES DU CONSEIL D'ADMINISTRATION.

Président : Jean-Luc LAHAYE
Vice-Président : Patrick ROUXEL
Secrétaire : Étienne JABCONSKY
Trésorier : Régis COSNIER
Adjoint : Claude LELARGE.

COMITÉ DE SURVEILLANCE DES FONDS

Julien BOUNIOL
Jean-Marc DIVISIA
Jean-Claude MOTIER.

CONSEILS AUPRÈS DES AMBASSADES

Roger BELLECOURT
Patrick FROÏM
Claude LELARGE
François du PLESSIS.

REPRÉSENTANT À L'ÉTRANGER

Jean du Plessis.

ADMINISTRATEURS GÉNÉRAUX

Alain Beaupin
René Herzog
Daniel Noir
Aurélie Lahaye
Mauricette Rouxel.

CONSEIL CONSULTATIF D'ENFANTS

Nicolas Fouques-Duparc
Pascal Fernandez
Lara Nestre.

QUI FAIT QUOI À LA FONDA?

C'est d'abord une famille qui n'existe que pour les mômes. On n'est pas « admis » à la Fonda ; on vient, on se sent bien, on pose sa valise. Tous ont la même vocation, mettre leur compétence et leur amitié au service des déshérités. A Clichy, vous êtes reçu par Christiane dite « Kinou ». Impossible de la manquer, elle est partout à la fois. C'est la Mère Poule. Elle est secrétaire, mais vous la trouvez plus souvent avec un moutard dans chaque main et les lunettes qui glissent sur le bout de son nez.

Au siège, rue de Bucarest, vous êtes accueillis par les souriantes Valérie et Corinne. Hôtesses, secrétaires, mécanographes : même le Minitel 36-15 *Cent Familles* n'a plus de secret pour elles.

Régine, grande, brune à l'allure sportive, est la secrétaire de direction et l'assistance du directeur général. Il n'y a pas une lettre, un coup de téléphone, une action dont elle ne soit au courant.
Max partage son bureau. Que de chemin parcouru depuis juillet 1986. Aujourd'hui, il participe à la lecture du courrier, pose pour le merchandising, traverse Paris dans tous les sens, balade les enfants en minibus et prépare la rentrée scolaire.

Frédérique, Frédé pour les enfants, a commencé comme éducateur à Clichy. Les gosses, il les a tous dans sa poche et dans son cœur. Son bureau ressemble à une salle de rédaction.

C'est lui qui conçoit notre magazine « Donne-moi la main » ! C'est lui aussi qui dessine et suit la réalisation de la ligne de vêtements que vous trouvez dans les magasins sous le nom de « La Fonda », vous avez, avec le petit bonhomme !

Étienne : ses dessins n'ont rien à voir avec ceux de Frédé. Lui c'est l'architecture. Les maisons abandonnées qu'on nous a offertes, il les transforme en de merveilleuses ambassades pour les enfants. Son crayon est chargé de tendresse.

Marc se cache derrière un paysage suisse, pays de ses ancêtres. Il en a conservé la rigueur pour diriger le service administratif. Attention, pas le droit au gaspillage et c'est bien !

Si la prise de la machine à photocopier ne fonctionne pas, si vous voulez accrocher un tableau au mur ou si la cafetière est bosselée, c'est Christian qu'il faut appeler. Il a des doigts en or. Artiste-décorateur, roi de la bricole et du planning, il suit chaque chantier comme sa propre maison.

Avec lui, pas de mauvaise surprise.

L'argent qui rentre à La Fonda et qui nous permet de continuer notre œuvre, c'est Samuel qui s'en occupe, aidé par Laurence. Le sponsoring commercial et Industrie, c'est eux ! La communication, c'est encore eux. Tout est bien fait et pourtant ils sont jeunes ces petits...

Le chef d'orchestre, c'est Patrick. Il connaît parfaitement chacun de ses musiciens. C'est cela qui fait la force de l'équipe. Oui bien sûr, quelquefois, il arrive qu'on soit en perte de vitesse, à cause de la fatigue, d'une action qui ne s'impose pas, d'un petit rien ! Alors il réunit tout son monde dans la cuisine et devant un thé ou un café, on discute, on échange des idées. Il y a toujours une solution à un problème. Et ça repart. Car, à La Fonda, on partage tout, la bonne humeur comme les soucis quotidiens.

NOS ACTIONS

Nous serons satisfaits le jour où les mots « enfants déshérités » auront totalement disparu du vocabulaire. Il est vrai que nous ne possédons pas le monopole du cœur, que d'autres associations s'investissent également. Notre avantage, c'est de profiter des médias pour sensibiliser le public. Et depuis le premier jour, tant de choses ont changé. L'Action sociale et sanitaire doit exister, mais elle se doit de montrer l'exemple. C'est elle la base solide puisqu'elle repose sur l'État. A tous ces professionnels du social, ces techniciens qu'on appelle « les travailleurs sociaux », il leur appartient de refuser la routine et les lassitudes pour s'engager totalement dans le métier qu'ils ont choisi.

D'ailleurs, n'est-ce pas plutôt une vocation?

A La Fonda, nous avons choisi de démasquer toutes les absurdités qui ont pour conséquence d'en faire payer le tribut aux mômes. Ce n'est pas à eux de payer pour les « conneries » des adultes.

Nous leur devons tout à ces mômes puisqu'ils seront l'Europe de demain.

Clichy, qui abrite une trentaine d'enfants de deux à quatorze ans, se singularise par le fait qu'elle leur donne, en plus d'une vie de famille heureuse, la possibilité d'acquérir un équilibre psychologique.

Études, sports, musique, loisirs, tout leur est possible en fonction de leurs goûts et aptitudes. Il est important de les aider à construire leur avenir.

L'ambassade de Juvigny-sur-Loison, qui est en cours d'installation, recevra prochainement des adolescents en difficulté, des gosses « mal grandis » qui ont du mal à accepter la société.

Parallèlement, puisque la surface des lieux nous en donne la possibilité, nous ouvrirons un centre pour les jeunes handicapés. Et tout ce petit monde cohabitera pour élever ensemble des chevaux de trait ardennois.

La mer, c'est la liberté. Demain, nous ouvrirons à Lorient

une classe de mer. Elle recevra tous les enfants qui n'ont pas la chance d'avoir des parents pour les y emmener. Un grand et beau voilier sera mis à leur disposition, un skipper les emmènera au loin pour apprendre la mer!

Puisque l'Administration n'accepte pas de nous aider financièrement, il est essentiel de trouver des revenus. Nos recherches vont dans plusieurs directions. Du sponsoring au parrainage d'entreprises; du merchandising qui mettra sur le marché commercial toute une gamme de produits portant notre marque de fabrique (vêtements, accessoires, gadgets, carterie, etc.); un magazine mensuel qui vous tiendra informé de nos actions et du sentiment des enfants à l'égard de notre « société »; un Minitel qui, à chaque instant, vous permet déjà d'être en contact permanent avec la Fondation.

Mais l'implantation de nos « ambassades » dans chaque région coûte cher. Et pour donner, il faut recevoir. C'est pourquoi notre réalisation de La Coquille a joint l'utile à l'agréable. Au cœur de la Dordogne, dans un cadre extraordinaire de bois et de verdure, et grâce à la générosité des Frères Jésuites, nous ouvrons un centre de vacances pour tous. Pour un prix modique, chacun pourra, en dehors des périodes de vacances scolaires qui sont réservées exclusivement aux enfants déshérités, passer des séjours enchanteurs.

Pour une semaine de vacances au domaine de la Barde, vous offrez une semaine de vacances à un môme en détresse. Vous trouverez à votre disposition un hôtel et un restaurant gastronomique construit au-dessus du lac où vous pourrez pêcher, vous baigner, faire de la planche à voile ou du dériveur, des promenades de santé. Pour les sportifs, quatre courts de tennis, un practice de golf, un terrain de volley, de basket, de foot. Pour tous, une classe d'initiation à l'informatique et des soirées animées.

Cette formule permettra aux vacanciers qui séjourneront au domaine de la Barde de participer financièrement à notre action humanitaire.

Quant à Lyon, malgré nos déboires incontrôlés et dont il ne nous appartient pas de supporter la responsabilité, trois petites unités mobiles sillonneront dans tous les sens à partir de septembre 1988, pour apporter aux jeunes qui en ont besoin un rattrapage scolaire.

C'est nous qui irons vers eux. Et nous espérons que l'opération « Car-École » permettra d'aider dans l'apprentissage du savoir, l'ignorance étant la porte ouverte sur le chômage.

International

Mme Hélène Blondet, qui séjourne depuis plusieurs années à Rio (Brésil) avec son époux diplomate, François, nous a contactés l'année passée pour que nous intervenions dans la construction d'une crèche.

Mme Hélène Blondet est présidente de l'Association « Solidariedade Franca-Brasil » qui s'est fixée comme but de venir en aide aux enfants déshérités. Comme nous avons une direction commune, il nous a paru important d'aider au financement de cette réalisation, surtout en ces moments vécus difficilement par les habitants de Rio. Très prochainement, une crèche d'un quartier très pauvre de la ville portera le nom de « Fondation Cent Familles », ce qui est la preuve que nos actions ne s'arrêtent pas aux frontières de notre pays.

Mais il n'était pas question pour nous d'intervenir seulement comme des partenaires financiers. C'est pourquoi l'un des administrateurs de la Fonda est parti pour le Brésil (voyage offert par Air France) pour créer des liens plus importants avec Solidariedade França Brasil et nous espérons recevoir prochainement leurs enfants, ici, en France, dans nos maisons.

LE PARRAINAGE

Mais que se passe-t-il donc à l'Aide Sociale à l'Enfance?

Depuis plusieurs années, et nettement plus souvent que par le passé, les médias évoquent le présent et l'avenir de l'enfance déshéritée. Un sujet aussi complexe que celui soulevé par l'Assistance publique, ne peut qu'échapper à la compétence de journalistes, écrivains ou hommes de loi aussi talentueux qu'ils soient.

Face à cette connaissance limitée ou erronée du problème, l'association « Cent Familles, a décidé de redorer le blason de l'enfance abandonnée. » Désormais, plus de préjugés malsains, plus d'attitudes matérialistes, place à la tolérance, l'amour et le respect.

Ainsi donc pour aider les enfants en quête d'eux-mêmes, l'association vous propose le parrainage.

LE PARRAINAGE ET L'ASSOCIATION

A. Les principes

Le principe du parrainage repose sur la prise en charge bénévole, par une famille, d'un enfant déshérité pour une période déterminée. Ce parrainage propose les « formules » suivantes :

– Accueil des enfants durant les week-ends ou les vacances scolaires.

- Organisation de sorties au cours desquelles les familles prendront en charge un ou plusieurs enfants.
- Correspondance d'un ou plusieurs membres de la famille avec un enfant.
- Aide éducative ou professionnelle.

Le parrainage s'exercera en étroite collaboration avec la DDASS, les organismes officiels et professionnels concernés.

B. Les buts recherchés

L'association souhaite donner au parrainage un caractère purement altruiste. Parrainer un enfant c'est :
- Lui accorder une meilleure écoute.
- Lui assurer une meilleure insertion sociale.
- Lui permettre de s'assumer en tant que personne.

Ainsi le parrainage ne sera :
- Ni une source de revenus.
- Ni une démarche dictée par la compassion.
- Ni un moyen de satisfaire une solitude inavouée.
- Ni une formule « Enfant au pair ».

Bien au contraire, il fera exclusivement appel à votre générosité d'âme, et à votre aptitude au dialogue face à l'enfant.

LE PARRAINAGE ET L'ENFANT

A. Portrait psychologique de l'enfant

Pour l'enfant, la rencontre avec une famille est un événement très particulier de son existence, puisque par ce biais, il espère compenser un vide affectif et mieux assurer son identité.

Mais cette rencontre doit s'effectuer avec tact, en respectant les besoins affectifs et éducatifs de l'enfant. En effet, cet enfant, privé d'amour, a (invariablement) développé des troubles de la personnalité, comme une hypertimidité, un comportement effronté, une agressivité masquant une profonde vulnérabilité, un besoin de solitude, ou bien encore une impossibilité de se lier ou de communiquer avec autrui. Pour enrayer tous ces « handicaps », une solution se présente – le parrainage.

B. Les buts recherchés par l'enfant

Pour l'enfant, la notion de famille passe obligatoirement par celle de l'équilibre. Et cet équilibre dépend lui-même de trois facteurs essentiels : l'amour, la compréhension, le respect.

Ces facteurs permettent, en effet, à l'enfant :
– De minimiser sa fragilité.
– D'atteindre un certain équilibre affectif.
– Et d'établir une certaine égalité devant cette situation contingente qu'est la naissance.

LE PARRAINAGE ET VOUS

A. Vos atouts

Pour parrainer, il vous faudra être :
- Spontané, sensible, compréhensif.
- Animé d'un profond et sincère désir de prodiguer à l'enfant l'amour dont il a tant besoin.

Il vous faudra prendre conscience de la psychologie inhérente à cet enfant et en saisir toutes les nuances pour mener à bien votre parrainage.

B. Votre rôle

- Offrir à l'enfant un foyer harmonieux.
- Lui accorder une écoute attentive.
- Lui faire découvrir qu'il peut être aimé pour lui-même.
- L'aider à parachever une parfaite intégration sociale.
- Favoriser l'éclatement sain de sa personnalité.

Tels seront vos objectifs.

A tous moments, votre attitude à l'égard de l'enfant, devra être celle de la bienveillance et de la bienséance.

Grâce au parrainage, l'association « Cent Familles », espère vous faire prendre conscience du caractère urgent que représente la prise en charge affective et éducative d'un enfant déshérité.

C'est la fragilité de l'enfant d'aujourd'hui et le plein épanouissement de l'adulte de demain qui sont en jeu.

Seules la générosité et la vigilance du grand public peuvent encourager une telle issue.

Alors souhaitons que les consciences s'attendrissent face à ce problème de l'enfance déshéritée qui n'engendre que frustration et misère psychologique.

COMITÉ DE SOUTIEN

L'argent est sûrement nécessaire pour mener à bien notre action, mais une aide morale l'est autant.

Comment ne pas utiliser le savoir de chacun pour une aide apportée aux enfants qui en ont besoin. Comment diriger une action, s'il n'existe pas une volonté groupée.

Chaque ville devrait pouvoir rassembler dans une association tous les gens désireux de participer à notre œuvre en faveur des plus démunis. Chacun apportant ses connaissances et sa bonne volonté.

Partout, des gens ont besoin qu'on leur tende la main. Il suffit de leur donner quelques heures de son temps. Paris n'est pas la France, et nous devons allumer une petite étoile dans chaque région.

Tout est possible, il suffit de s'investir et d'y croire. Tout le monde peut participer, car tout le monde a un cœur.

Créez ou rejoignez un comité de soutien à la Fondation « Cent Familles. »

NOTRE PROPOSITION DE LOI

De récentes affaires abondamment relayées par les media ont mis l'accent sur les difficultés que suscitent les divorces en matière de garde des enfants. Il apparaît souvent que les juges se décident sans tenir compte des aspirations profondes de ces derniers, la loi ne prévoyant que leur audition facultative.

La présente proposition vise à rendre cette audition des enfants obligatoire, tout en instaurant certaines garanties quant à la sincérité de l'opinion exprimée par des personnes qui ne sont encore que des mineurs, donc juridiquement insusceptibles d'une volonté propre.

Il est donc proposé de modifier l'article 290.3° du Code Civil dont la rédaction serait désormais la suivante:

3° - des sentiments exprimés par les enfants mineurs; le juge doit s'entretenir personnellement avec ceux-ci hors la présence des parents.

La décision doit faire mention des souhaits ainsi recueillis et ne peut les écarter que par une motivation expresse se fondant notamment sur les résultats de l'enquête et de la contre enquête sociale prévue à l'article 287-1.

La présente obligation ne s'étend pas aux enfants manifestement insusceptibles d'exprimer des sentiments propres ou dont l'audition comporterait pour eux des inconvénients excessifs.

J.-F. PICARD

AH! J'OUBLIAIS
DEUX OU TROIS PERSONNES
A REMERCIER

Tonton Louis
Frères Jésuites de la Coquille
Le docteur LALEU et son épouse Christiane
Jean MONCEAU
Julien LEPERS
Jean-Claude MOTIER
Les CARPENTIER
MAZDA
UNCLE BEN'S
FLODOR
LEE COOPER
MAXWELL
Danielle NOIR et son époux Michel
Jean-Gabriel THEVENET
Robert MALATESTA
Jean-Pierre JOSEPH
Jean-Yves LE DRIAN
M. BOULOT
Guy LANGAGNE
Francis COLIN
M. CHABAN DELMAS
Cyril NEVEU
MIKAELLE
Lolo
Jean-Yves MACE
SYLVANA
Marie et Michel LAFON

Jean SERGE
Yves ABRAHAM
AGORA et Gilles ROUSSEAU
PLACOPLATRE
RUBSON
REMAG
Pierre DAILLE
Marie-Thérèse
Evelyne
Stéphanie
Mimi
Jean COLDERS
Pierre PERRET
André BRIDE
Lydia LEDENT
Jean-Marc DIVISIA
Jean-Claude CHEMARIN
Sabine AZEMA
Gérard MARTIN
Jean-Pierre ROSENCZWEIG
José ATTAL
TOLLENS
TRANSAM
Gérard TAVERNA
Claude DENER
Paul SEBASTIEN
André PERILLAT
Philippe BURADINO
Nicolle SAVOURAT

Jeanne JUVIGNY
Monique LEMARCY
Jean-Claude BODE CROUX
Jean-Pierre DAMICO
BERLINER
Richard de WHITE
Thierry PASTOR
NICOLETTA
Gérard GIRAUDOUX
François BREBANT
Gilbert MONTAGNÉ
Philippe BRACONNIER
Noël MAMÈRE
Josiane BALASKO
Dominique CANTIEN
Francis BOUYGUES
Martin BOUYGUES
Marie-France BRIÈRE
Michel DENISOT
Christophe DECHAVANNE
Blandine GUIYOT
Pascal DANEL
Hervé VILLARD
Johnny HALLYDAY
Serge LAMA
Jacques CAILLART
Nathalie GAYE
Linda DE SUZA
Thierry SUC
Claude NOUGARO
Pierre COJEAN
Louis MOREAU
Arlindo GOMEZ
Jean MAURO
Thierry MUTEL
Patrick FROIM
Nicolas PLISSON
Isabelle CATELAN
Gilbert BÉCAUD
Claude FAGNET
J. Philippe BERTRAND
Nathalie LADURANTIE
Le commissariat de Clichy

Les pompiers de Clichy
La boulangère d'en face
Christian TOUREL
Hugues AUFRAY
Richard DIEUX
Georges BARRIER
Philippe BOUVARD
Françoise ROUSSELIN
GRANDEMANGE
Michel DRUCKER et ZAZA
Dany SAVAL
DALIDA
Michel OLIVIER
François DU PLESSIS
Jean-Marie GALLOPIN
SAMUEL
MARTINE ET MARION
Ségolène ROYAL
François MITTERRAND
Danielle MITTERRAND
Gilles CATOIRE
Guillaume et Cécile
Régis et Renée COSNIER
BARETTO
Julien BOUNIOL
Alain PORTE
Étienne JABLONSKI
Max
Le grand Jacques
Sophie et Sophie
Marielle et Marcel
OSWALDO
VÉRONIQUE
Fred SAUGER
Francis RANA
Miou-Miou
Cyril VIARD
Pierre LUMBROSO
Raymond BARRE
DECIBELLE
Maria
Jean-Pierre MADERE
Jean FALISSARD

Rachid BAHRI
Luc DE TOME
Cyril ASSOUS
Roland MAGDANE
Jacques MARTIN
Philippe LAVIL
Karen CHERIL
Martine BELLOT
TINTIN
Salvator
Thierry « le Poète »
Joseph TOMMÉ
Guy-Guy
Le grand TUC
Jeannot
Francis
Céline
Hervé PAGE
René
Jean-Philippe
Alain FOULON
Emmanuelle
Dani
Peggie
Anne
Lorgerie
PORCHER
Michel POLNAREFF
Roger MILLE
HAMAR
MAGUY
Yvette et Rubin
Momo
Jean-Christophe
L'abbé Pierre
J. M. MONOURET
Sabine, Liliane et Jean
Stéphanie de MONACO
Gérard BLANCHARD
Mamy Rock and Roll
Jean-Jacques GOLDMAN
Barbara BENTON
Alain LANTY

Daniel BALAVOINE
Bernard LELOUP
Alain PILLAN
Jérémie
Corine BALAVOINE
HIGELIN
COLUCHE
Evelyne et Alain
DAVE
Elle et Vire
Les 3 Suisses
B.N.P.
Euromarché
Marie-Claire
Cent Idées
Casino
Les commerçants de Paimpol
Les entreprises du bâtiment de Toulouse
Centre commercial St Gems II
Skairock et Géraldine
Les groupes folkloriques de Bayonne
KAWASAKI
Jean BASSELIN
SUZANNA
FABRICE
Harlem DÉSIR
Patrick BRUEL
Julien CLERC
Thierry ARDISSON
Michel LEEB
Gérard LOUVIN
Etienne MOUGEOTTE
J. C. MARTIGNAC
Jean-Louis BLACHIER
Le p'tit et mignon Yohan LAFON
Claude COMET
Denis HUERTAS
Pierre-Luc CHARRON
Alain REYNAUD
Jean-Pierre COUGOULA
Maurice ELLIA

Patrick LECOMTE
Patrick DEMIN
Jean-Claude et Danielle DELUMEAU
Didier, Chouchou, Lara, Emilie Jeannot
Mitsou et Céline
Pierre POUILLOT
Patrick DESCAMP
Jacques LIEVIN
Ludovic PARIS
Jean-Claude LARIVOIRE
PTT de Nogent-le-Roi
Jean-Louis PINON
Christian PIHAN
Marie-Aline et Jean-Pierre PORTE
Jean-Claude PITON
Jean-François PICARD
Yvonne QUILES
Jean TORNIKIAN
Gilles ROSSIGNOLE
Sylvie TSYBOVLAT
Jacques CHIRAC
Bernadette CHIRAC
Michèle BARZACH
Pierre BEREGOVOY
Pierre CASTAGNOU
Paulette CHARLAT
André CRUSO
Jean-Claude TOSTITIN
Annie LUCE
Maryse MESTRE
Jean VALENTINI

Et aussi

Marie-Thérèse DEPENNE
Chantal GIBAUT
Sandrine GIBAUT
Magali ISEUX

Caroline LAUDET
Valérie MANGEL
Sophie MERCIER
Monique MEUNIER
Sophie MEUNIER
Catherine MIELCAREK
Sylvie MIELCAREK
Corinne SUREAU
Yolande
Véronique
Mr CLAVEAU
Mme CLEMENT
Mr DEKERLE
Mr LOMBARD
Mr MANDEL
Mme ROIDOT
Mme MAURY
Mme MAILLARD
Mr BLOT
Mr DIA
Mme DAIX
Mme METTEY
Mme TAIEB
Mme MÉTIER
Mme BAILLYE
Mr GAILLOCHOT
Mr MEZARD
Mr LAMY
Mr DELANOU
Mme PAIN
Mr ROBIN
Mr LEDOUX
Mr BOUKHEZOULA
Mr GRAY
Mr ABADA
Mme BARCAIN
MAILLET
Mr VALERA
Mme FIORE
Mr BAMAN
Mr COMPAS
Mme MAUREL
Mr MOUTO

Mr ROCCA SERRA	Mme MARYSE
Mr PELGRANT	Mme FACHIN
Mlle MAUGEIN	Mr KARRET
Mr AUTIERE	Mme SETTON
Mr DUQUIN	Mr DUMANS
Mr NESPOUX	Mr DE ROBIAN
Mr BERGELIN	Mr HABERMAN
Mr MENDEZ	Mr DUPIEU
Mr ELLIEF	Mr ANDRADE
Mr FELIX	Mr BAUNAY
Mr GERVAIS	Mr MAIRE
Mr GUEIZE	Mr MAILLET
Mr LEONARD	Mr MASSON
Mr PARIS	Mr BOUVIER
Mr ORTION	Mme JAZY
Mr BARON	Mr BOUILLOUX
Mr PERRIN	Mr RIGONI
Mr GRIZOT	Mme DEROBERT
Mme GENET	Mr JAMIN
Mme ARDAILLON	Mr VERDEAUX
Mr BOTTON	Mr ASTRUC
Mr HERZOG	Mr RUETTE
Mr CARRIÈRE	Mr GATEGNO
Mme IVARS	Mr CHANAD
Mr LABLATINIÈRE	Mr BACHOZ
Mr RIGOUX	Mr DOLEAU
Mr CONET	Mr KREUKE
Mr PÈLEGRIN	Mme KAUFMAN
Mr DEMRI	Mr DORAN
Mr OBADIA	Mme OUDIN
Mr REY	Mr FURIE
Mme PLANIOL	Mr FORESTIER
Mme QUARTZ	Mr AUFMAN
Mme RENAUD	Mr ENDOH
Mr MOTTIER	Mr BOURGEOIS
Mr PAILLANGUE	Mr DRONEN
Mlle LUCIANO	Mme JEAN MOUGIN
Mr PIETTE	Mme DORMIER
Mme MAUPAS	Mr PERRIER
Mr LIEVIN	Mr SIMON
Mr LABRO	Mr VERNANT
Mr ROCHE	Mme DE RIBEROLLE
Mme ROUDAIRE	Mme OLLIVIER

Mr COQUELET
Mr VERFOSA
Mr PALARD
Mr WARD
Mr TANGKIONG
Mr BELHASSINE
Mr VIDAL
Mr BASTIEN
Mr CUPIE
Mr DALLE
Mr FEJEANT
Mr CHIPOT
Mr CAMPION
M SARVEL
Mme LEPK
Mme KERBEL
Mr MARIN
Mr FERNANDEZ
Mme FOUCAULT
Mr DAVID
Mr PERROSSIER
Mme MICHAUD
Mme AMARD
Mme BOURILLON
Mr ZANNIER
Mme VENTURA
Mr LEBIGOT
Mr MARTINEZ
Mr BRUNIAUX
Mr ANDERUTTI
Mme KIFFER
Mr ROLAND
Mr NARCY
Mme DEL BUCCHIA
Mr ABBOU
Mme BARTICHAUD
Mme JEANNINE
Mr SOHN
Mr CRESSENT
Mr BADAUT
Mr PAUTOU
Mr KRASSININE
Mr MACE

Mr DREY
Mr CHAPEL
Mme COHEN
Mr MEULET
Mr VICKAR
Mme GRILLET
Mme COHEN
Mr SMETS
Mr VALLÉE
Mr DE MAZERY
TF1
A2
FR3
la 5
la 6
Canal +
Toute la presse quotidienne régionale
Air France
Les Clichois et Clichoises
Les habitants de Juvigny-s/Loison, de Lorient, la Coquille
Tous les donateurs qui nous ont aidé et qui suivent notre action – SPONSORS (voir Sam et Laurence)
Mimi et Robert
et tous ceux qu'on n'a pas cités, mais c'est de leur faute, car on ne les voit pas assez souvent!

Sans oublier

Robert MALATESTA
VIGOUROUX
Daisy LAMA
Jacques LACASSAGNE
Thérèse CORNIL
Aurélie, Margaux et Gloria
Patrick ROUXEL
Alain BEAUPIN
Christiane

Jean DU PLESSIS
Gérard PEDRON
Bob OTOVIC
Régine
Laurence
Marc GRINDIER
Corinne
Valérie
Samuel CAUDROY
Jean-Charles MARTINEZ
Thierry PALARD
Maurice GUEZ
Véronique et Côte à Côte

Etienne JABLONZKI
Les artisans groupés de la Coquille
RTL
Europe 1
NRJ
France Inter
RMC
  Yves MOUROUSI et Véronique
J.-Claude JILHUNEAU et sa famille
Ariane de RÉALISTIC Production
Les habitants de Puy-de-Serre

TABLE DES MATIÈRES

PRÉFACE 7
Femme que j'aime 13
Le plein d'NRJ 19
Galas-Galères 25
Jack pot ou le tube de l'été 35
Une tournée de star 41
Fin de la tournée 55
Anar en costard 61
Décibelle 85
La moto abandonnée 91
Margaux 97
L'enfer et l'endroit 103
Le Cardinal 109
Les copains, les amis 117
Été 85 123
L'année bleue 131
Coluche 135
Je lui ai dédié cette chanson 143
Priorité au dialogue 161
Parachutage sans balisage 179
Kevin 185
Qui 193

Septembre	197
Un accident et un attentat	201
Braconnier	205
Inauguration	211
Alexis	219
9 octobre 1986	223
Donne-moi la main	227
Gloria	233
Au revoir tonton	241
L'accident	247
16 décembre 1986	253
1987	263
Miss Poubelle	277
SOS racisme	283
Les mémoires de Fred	287
Annexes	293

Direction technique : Claude FAGNET
Direction artistique : Dominique JEHANNE
Attachée de presse : Nathalie LADURANTIE
Assistée de : Cédric des ROUVIÈRES

Photos de Sabine LOUBET
Photo de couverture : SYGMA (R. Melloul)

Directrice littéraire : Marie GUERINAUD

Cet ouvrage a été réalisé sur
Système Cameron
par la SOCIÉTÉ NOUVELLE FIRMIN-DIDOT
Mesnil-sur-l'Estrée
pour le compte des Éditions Michel LAFON
le 10 juin 1988

Imprimé en France
Dépôt légal : mai 1988
N° d'édition : 8604 – N° d'impression : 9691